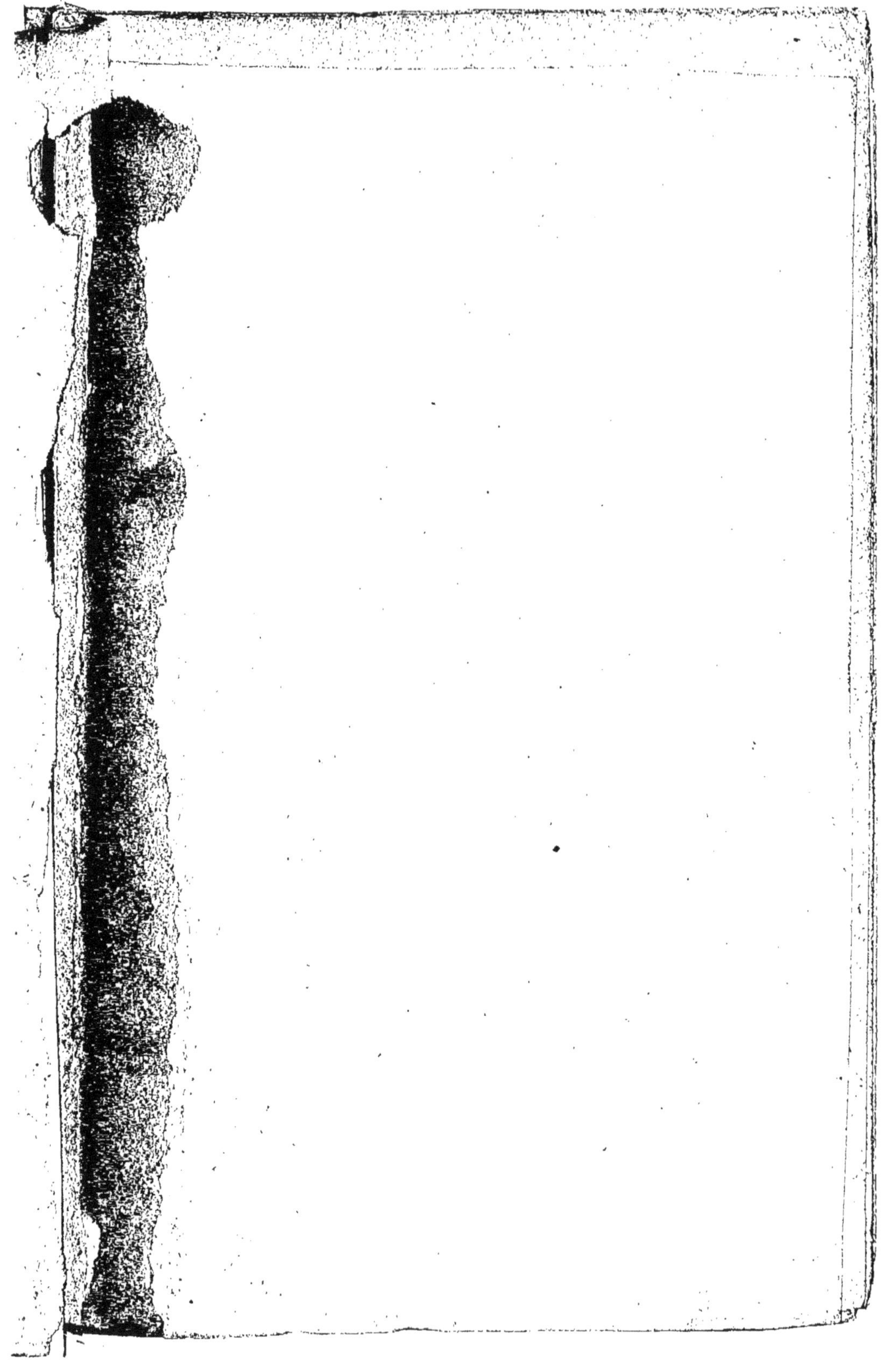

PUBLICATION DE LA RÉUNION DES OFFICIERS

RÈGLEMENT D'EXERCICES

POUR

LA CAVALERIE

DE

L'ARMÉE ROYALE DE PRUSSE

DU 5 MAI 1855

contenant les modifications approuvées à titre d'essai
par l'ordre de cabinet du 9 janvier 1873

TRADUIT DE L'ALLEMAND

PAR H. LANGLOIS

CAPITAINE D'ARTILLERIE

PARIS

LIBRAIRIE DE FIRMIN-DIDOT FRÈRES, FILS ET Cie
IMPRIMEURS DE L'INSTITUT, RUE JACOB, 56

1874

LISTE DES PUBLICATIONS

DE LA

RÉUNION DES OFFICIERS

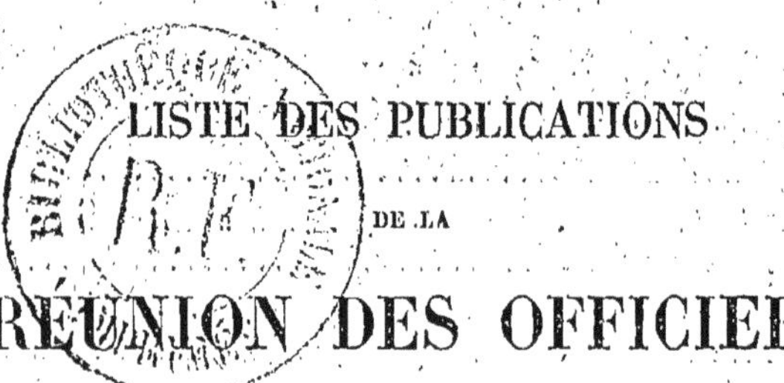

Le Bulletin de la réunion des officiers, publication hebdo-madaire, 4 fr. par trimestre.

ENTRETIENS MILITAIRES.

1. **L'Armée prussienne,** par M. Lahaussois, sous-intendant militaire. Paris, Dumaine............................ 60 c.

2. **Hygiène militaire,** par le docteur Jules Arnould, médecin-major de 1re classe. Paris, Dumaine.................. 60 c.

3. **Des tirailleurs, de leur instruction, de leur emploi,** par M. Herbinger, cap. adjudant-major au 101e de ligne. Paris, Dumaine.. 60 c.

4. **Principes rationnels de la marche des impedimenta dans les grandes armées,** par M. Anatole Baratier, sous-intendant militaire............................... 1 fr.

5. **De l'administration militaire,** par M. Lewal, colonel d'é-tat-major. Paris, Dumaine.......................... 1 fr.

6. **De l'administration militaire et du fonctionnement des services administratifs.** — Réponse à M. le colonel Lewal, par M. Anatole Baratier, sous-intendant militaire. Paris, Dumaine................................... 1 fr.

7. **De l'aérostation militaire,** par M. Delambre, capitaine du génie.. 75 c.

8. **De la photographie** et de ses applications aux besoins de l'ar-mée, par M. Dumas, capitaine d'état-major, chef du service photographique au ministère de la guerre.............. 75 c.

9. **Instruction de l'infanterie,** préparation au service de la guerre, par M. Percin, capitaine du génie............ 75 c.

24. **L'armée anglaise** avant sa réorganisation par de Mandat de Grancey, capitaine de cavalerie. — Paris, Dumaine.... 1 fr. 50 c.

ENCYCLOPÉDIE MILITAIRE.

1. **Les Canons géants du moyen âge et des temps modernes,** par R. Wille, lieutenant de l'artillerie prussienne. Traduit de l'allemand par MM. R. Colard et S. Bouché, lieutenants d'artillerie. 1 vol. in-8°. Paris, Tanera...................... 3 fr.

2. **Les Mitrailleuses et leur emploi pendant la guerre de 1870-1871,** par M. Hermann, comte Thürheim, capitaine bavarois. Traduit de l'allemand par M. E. J. Brochure in-8°. Paris, Tanera.. 1 fr. 25

3. **Mémoire** sur la permanence de l'armement de défense et sur l'emploi des cuirasses métalliques dans les fortifications d'Anvers, Plymouth et Portsmouth, par le baron Berge, lieutenant-colonel d'artill. 1 volume in-8° avec planches. Paris, Tanera............ 3 fr.

4. **Étude sur le réseau des chemins de fer français** considéré comme moyen stratégique, par L. de Tromenec, capit. d'artillerie. 1 vol. in-8° avec carte. Paris, Tanera......... 2 fr. 50

5. **Guide** pour la préparation des plans de marche et des transports de troupes par les chemins de fer, par A. Le Pippre, chef d'escadron d'état-major. 1 vol. in-8° avec planches et carte. Paris, Tanera. 6 fr.

6. **De l'emploi des shrapnels en campagne,** par R. von Sichart, capitaine professeur à l'école de tir d'artillerie. Traduit de l'allemand par R. Colard, capitaine d'artillerie. — Brochure in-8°.. 1 fr. 50 c.

RÈGLEMENTS ÉTRANGERS.

1. **Règlement du 3 août 1870 sur les exercices de l'infanterie de l'armée royale de Prusse.** Traduit de l'allemand par J. Monlezun; lieut. au 120° régiment d'infanterie. 1 volume in-12 avec figures et planches de musique donnant toutes les sonneries et batteries. Paris, Tanera...................... 4 fr.

2. **Instruction du 9 juin 1870 concernant le service de**

garnison de l'armée prussienne. Traduit de l'allemand par MM. Samion et Laplanche. Br. in-12. Paris, Berger-Levrault. 1 fr. 25

3. **Manuel du sapeur d'infanterie.** Instruction publiée par le ministère de la guerre (septembre 1871). Traduit de l'italien par MM. Percin, Grillon et de Lort-Sérignan. 1 vol. in-12. Paris, Tanera... 4 fr.

4. **Le Pionnier d'infanterie en campagne.** Traduit de l'allemand par M. Grillon, capitaine du génie. — 1 vol. in-12 avec planches... 1 fr.

5. **Règlement de 1870 sur les exercices de la cavalerie autrichienne.** Traduit de l'allemand par V. Zeude, chef d'escadron de cavalerie. 1 vol. in-12 avec figures dans le texte... 2 fr.

6. **Règlement du 15 mai 1872 pour l'instruction tactique des troupes d'infanterie.** Traduit de l'italien par le commandant Durostu et le cap. Jolly. Paris, Dumaine.... 3 fr.

7. **Règlement d'exercice pour la cavalerie prussienne,** traduit de l'allemand par M. Langlois, capitaine d'artillerie. Paris, Firmin Didot... 3 fr.

8. **Règlement du 4 juillet 1872 pour l'instruction tactique des troupes de cavalerie.** Traduit de l'italien par le command. Durostu et le capit. Vollot. Paris, Dumaine... 3 fr.

OUVRAGES DIVERS.

1. **Organisation de l'armée de l'Allemagne du Nord.** Recrutement et libération. Traduit de la 12ᵉ édition de l'ouvrage sur l'organisation de l'armée allemande, du général de Witzleben, par le commandant Le Maître. Paris, Berger-Levrault........... 2 fr.

2. **Cours réduit du tir,** par Borreil, capitaine au 124ᵉ de ligne. 2ᵉ édition. 1 vol. in-12. Paris, Dumaine................. 60 c.

3. **Manuel d'hygiène** et de premiers secours. Traduit de l'allemand par le docteur Bürgkly. Brochure in-12. Paris, Dumaine. 60 c.

4. **Manuel du soldat.** I. Service intérieur. II. Instruction sur le démontage, le remontage et l'entretien de l'arme. III. Notions sur le tir du fusil d'infanterie. IV. Transport des troupes d'infanterie au chemin de fer. V. Notions d'hygiène. VI. Service des places.

VII. Service en campagne. 1 volume in-18 cartonné. Paris, Ta-
nera . . . . 50 c.

5. **Études sur l'art de conduire les troupes** (2° partie), par
Verdy du Vernois. Traduit de l'allemand par M. Masson, capit.
d'état-major. 1 vol. in-12. Paris, Dumaine; Bruxelles, Muquardt,
1872 . . . . 2 fr. 50

6. **Les Trains sanitaires.** Étude sur l'emploi des chemins de fer
pour l'évacuation des blessés et malades en arrière des armées, par
le Dr Morache. Brochure in-8°. Paris, Dumaine, 1872. . . 1 fr. 50

7. **Construction et destruction des chemins de fer en
campagne,** par Wibrotte. Brochure in-8° avec figures. Paris,
Dumaine . . . . 1 fr.

8. **Éléments de la connaissance du terrain, à l'usage des
sous-officiers,** par M. La Fuente, lieut. d'état-major, et M. Mac-
Caffarelli, sous-lieutenant au 8° hussards, 3e édition. Paris, Du-
maine . . . . 1 fr. 50

9. **Abraham Du Quesne et la marine de son temps,** par
M. Jal, historiographe de la marine. 2 volumes in-8°. Ouvrage
adopté par la Réunion des Officiers. Paris, Plon . . . . 16 fr.

10. **Agenda de poche des officiers de terre et de mer
pour 1873.** Paris, Berger-Levrault . . . . 1 fr. 50

11. **Esquisse d'un projet de loi sur l'avancement,** par un
officier du génie. Paris, Tanera . . . . 2 fr.

12. **Manuel du soldat d'infanterie,** en usage dans la division d'Alger. In-18. Paris, Plon . . . . 50 c.

13. **Annuaire de la Réunion des Officiers pour 1873,** contenant l'historique de la Réunion, les Statuts, la Liste de tous les
membres de la Réunion inscrits jusqu'à ce jour, un historique de
l'année pour les différentes puissances de l'Europe, de nombreux
renseignements, etc., etc. — Environ 300 pages compactes. Prix,
franco . . . . 2 fr. 70

14. **La Vérité sur le Masque de fer** (les Empoisonneurs), d'a-
près des documents inédits des archives de la guerre et des autres dé-
pôts publics (1664-1703), par M. Th. Yung, capitaine d'état-major.
Paris, Plon . . . . 8 fr.

15. **Considérations sur le recrutement de l'armée et**

sur l'aptitude militaire dans la population française, par le Dr Morache. In-12. Paris, Dumaine............ 75 c.

16. **Le drapeau national, son historique,** par L. Lèques, sous-intendant militaire. Paris, Tanera................. 75 c.

17. **Abrégé du code de Justice militaire à l'usage des sous-officiers, caporaux et soldats, suivi d'un extrait du règlement sur le service intérieur en ce qui concerne les punitions.** Paris, Dumaine............... 20 c.

18. **Conseils pratiques aux jeunes officiers pour la préparation du fantassin au service en campagne,** par le capitaine Périzonius, Traduit de l'allemand par A. C., lieutenant au 55e. Paris, Tanera.................................. 1 fr.

19. **Du service en campagne. Méthode d'instruction pratique pour les soldats et officiers d'infanterie,** traduite de l'ouvrage du général comte de Waldersée par M. Darguiès, et résumée par F. Louis, colonel du 69°. Paris, Firmin Didot. 2 fr. 50

20. **Écoles régimentaires. Emploi du temps et programme ou plan méthodique d'études pour l'enseignement du premier degré dans les compagnies,** par M. Fournols, lieutenant au 97e. Paris, Dumaine......... 50 c.

21. **Considérations sur le système défensif de Paris,** par M. Ferron, chef de bataillon du génie, un in-8° avec carte. Paris, Plon, 2e édition................................ 2 fr. 25 c.

22. **Notes sur l'organisation de l'armée pendant la révolution (4 août 1789-30 octobre 1795),** par M. Choppin, lieutenant au 3e dragons. Paris, Tanera....... 1 fr. 25 c.

23. **Historique du service religieux dans les armées suivi d'un projet d'organisation dans l'aumônerie militaire,** par M. Lèques, sous-intendant militaire. Tours, Bouserez.................................. 1 fr.

24. **Bordj-bou-Arreridj pendant l'insurrection de 1871 en Algérie.** Journal d'un officier, par M. Du Cheyron, chef d'escadron au 8e hussards, in-12. Paris, Plon........ 4 fr.

25. **Petit Bulletin du soldat et du marin.** Publication hebdomadaire. 13, quai Voltaire.......... 3 fr. 60 c. par an.

26. **Études stratégiques sur la défense des lignes flu-

viales. Traduit de l'allemand, par M. Grillon, capitaine du génie.
Limoges. Charles Père.......................... 2 fr. 50 c.

27. **Service en campagne pratique,** par C. Philebert, lieutenant-colonel au 110°, in-12. Paris, Dumaine........ 1 fr. 50 c.

28. **Tactique de la cavalerie prussienne.** Extrait de l'aide-
mémoire de Helldorff (3° et 4° parties). Rennes. Leroy.... 1 fr.

29. **La manœuvre sur la carte (jeu de la guerre),** publié
par le corps d'état-major italien, traduit par M. Vollot, capitaine
du génie, in-12. Rennes, Leroy................... 1 fr. 25 c.

30. **Méthode d'enseignement du combat des tirailleurs
pour l'infanterie prussienne,** par le général comte de Waldersée, traduit de l'allemand, par M. Darguiès, ingénieur, in-12.
Paris, Labitte................................ 3 fr.

31. **Art de la guerre déduit de l'étude technique des
campagnes de 1805,** par M. Bernard, chef de bataillon au
41° d'infanterie, in-8°. Paris, Tanera................ 5 fr.

32. **De l'organisation défensive du territoire,** par M. le
général Cadart, brochure in-8°. Paris, Tanera.......... 1 fr.

33. **Note sur l'organisation du système défensif de Paris,** par le général Tripier, brochure, in-8°. Paris, Tanera. 1 fr.

34. **Jeu de la topographie ou des cartes militaires,** par
A. Viney, lieutenant du génie. Paris, Régnier....... 1 fr. 50 c.

35. **Éléments de fortification passagère à l'usage des
officiers de toutes armes,** par M. Maire, capitaine du génie.
Paris. Dejey................................. 4 fr.

36. **Manuel pratique militaire des chemins de fer,** par
M. Issalène, cap. d'infanterie. Paris, Gauthier-Villars. 2 fr. 50 c.

37. **Les siéges de Paris et de Belfort en 1870-71,** par
le comte de Geldern, capitaine du génie, traduit de l'allemand, par
M. Grillon, capitaine du génie. Paris, Dejey............ 4 fr.

38. **Considérations sur le système défensif de la France,**
par M. Ferron, chef de bataillon du génie, in-8° avec carte. 2° édition. Paris, Plon............................. 3 fr.

39. **Répartition des troupes de l'armée active en corps
d'armée,** divisions et brigades conformément à la loi du 24 juillet 1873 et en exécution des décrets du 23 et 29 septembre 1873.
Plon...................................... 50 c.

40. **Le jeu de la guerre français**, seize cartes en couleurs, règles du jeu, pièces figurantes (100 fr.) (40 fr. pour les officiers). Paris, 37, rue de Bellechasse.

41. **Cours d'administration militaire pour servir à la préparation des examens à subir pour les officiers de toutes armes proposés pour l'avancement**, par M. Dally, capitaine au 102°. Paris, Plon . . . . 5 fr.

42. **Le blocus de Montmédy en 1870**, par A. de Lort Serignan, lieutenant d'inf. Paris, 37, rue de Bellechasse . . . . 5 fr.

Sous presse :

Aide-mémoire pour l'instruction théorique du cavalier, par le lieutenant-général de Mirus. Paris, Firmin Didot.

La guerre de siége, par le capitaine Brunner. Traduit de l'allemand par le capitaine Piette. Paris, Firmin Didot.

Étude sur la nouvelle tactique de l'infanterie, par le major von Scherff. Traduit de l'allemand. Paris, Firmin Didot.

Manuel d'hygiène militaire, par M. Arnould, médecin-major. Paris.

Considérations sur les chemins de fer italiens. Traduit de l'italien par M. Malifaut, capitaine au 54°. Tours.

Manuel militaire de la jeunesse, par M. Gandolphe. Paris, Hachette.

Khiva, par M. Weil. Paris, Amyot.

Examen du cheval en vente suivi de quelques réflexions sur l'emploi du cheval et des soins qu'il exige, par M. Rivet, cap. au 11° dragons. Paris, Tanera.

Annuaire de la réunion des officiers pour 1874. Paris, Plon . . . .

Esquisse du cours de fortification professé en Prusse à l'académie de la guerre et à l'école d'artillerie et du génie, par Wagner. Traduit par M. Marmier, lieut. du génie. Paris, Dejey.

Typographie Firmin Didot. — Mesnil (Eure).

RÈGLEMENT D'EXERCICES

POUR

LA CAVALERIE

DE

L'ARMÉE ROYALE DE PRUSSE

TYPOGRAPHIE FIRMIN-DIDOT. — MESNIL (EURE).

RÈGLEMENT D'EXERCICES

POUR

LA CAVALERIE

DE

L'ARMÉE ROYALE DE PRUSSE

DU 5 MAI 1855

Nouvelle édition, contenant les modifications approuvées à titre d'essai
par l'ordre de cabinet du 9 janvier 1873

TRADUIT DE L'ALLEMAND

PAR H. LANGLOIS

CAPITAINE D'ARTILLERIE

PARIS

LIBRAIRIE DE FIRMIN-DIDOT FRÈRES, FILS ET CIE

IMPRIMEURS DE L'INSTITUT, RUE JACOB, 56

1874

Je consens à l'introduction à titre d'essai des modifications qui me
sont proposées au règlement d'exercice pour la cavalerie du
5 mai 1855 ; mais, eu égard à la conservation des chevaux, l'exercice de l'attaque prolongée ne sera introduit que peu à peu ; par conséquent les officiers chefs de service ne l'exigeront pas partout et cette
attaque ne sera jamais faite au sujet de l'inspection. En outre, une
instruction sur l'exercice des armes dans la cavalerie préparée par
l'Institut militaire de la cavalerie sera aussi appliquée à titre d'essai.
Dans un an, les généraux commandants me fourniront un rapport
sur les résultats obtenus, dans l'exécution pratique, par l'application
du règlement modifié et de l'instruction sur l'exercice des armes ; les
rapports sur l'exercice de l'attaque mentionné plus haut ne me seront présentés que dans deux ans. Je me réserve, après ces délais,
de prononcer une décision définitive. Pour le reste, vous prendrez les
dispositions nécessaires.

Berlin, le 9 janvier 1873.

Signé,
GUILLAUME.

Contre-signé,
V. KAMEKE.

Au ministre de la guerre.

PREMIÈRE PARTIE.

PREMIÈRE PARTIE

ARTICLE PREMIER

INSTRUCTION INDIVIDUELLE DE L'HOMME A PIED.

CHAPITRE PREMIER.

INSTRUCTION SANS ARME.

§ 1.

Position.

La position de l'homme à pied est la base de l'alignement, des mouvements et de tous les exercices; elle
doit être naturelle et aisée. Les talons sur la même ligne
et rapprochés autant que la conformation de l'homme le
permet; les pieds un peu moins ouverts que l'équerre
et également tournés en dehors; le poids du corps reposant plutôt sur la pointe des pieds que sur les talons;
les jarrets tendus sans les roidir; la ceinture légèrement
rentrée, la poitrine et le haut du corps un peu penchés
en avant; les épaules tombant sans roideur et un peu
effacées pour dégager la poitrine; les bras pendant verticalement le long du corps; les doigts étendus et joints,
le petit doigt contre la cuisse, le pouce coupant la
couture de pantalon; la paume de la main un peu tournée en dehors; la tête droite sans être gênée; le cou

libre et dégagé des épaules, le menton rapproché du col sans baisser la tête, le regard dirigé en avant et non fixé à terre.

L'homme prend la position au commandement *Immobile !* Au commandement : *Reposez-vous !* il peut quitter la position et se reposer ; l'exécution de ce commandement ne forme pas un temps (1).

§ 2.

A droite. — A gauche. — Demi tour de pied ferme.

Dans tous ces mouvements, le talon gauche reste en place ; c'est sur lui que repose le poids du corps pendant la conversion ; on élève un peu la pointe du pied gauche ; on lève le pied droit et on le reporte légèrement à côté du gauche après l'exécution du mouvement.

Les à-droite (ou les à-gauche) s'exécutent au commandement *A droite — droite !* (ou *à gauche — gauche !*) La première partie du commandement sert d'avertissement ; le mouvement s'exécute à la deuxième partie du commandement, dont l'intonation doit être brève (2).

Pour remettre l'homme face en tête après l'à-droite ou l'à-gauche, on peut faire le commandement *Front !* au lieu de commander un à-gauche ou un à-droite.

Pour le demi-tour, qui s'exécute toujours à gauche, l'instructeur commande : *Escadron, — demi - tour !*

---

(1) L'homme de recrue ne reçoit les éperons que lorsque cela est nécessaire pour l'instruction à cheval.

(2) Cette intonation, dans le présent règlement, est indiquée par un trait qui sépare le commandement d'avertissement du commandement d'exécution.

L'homme tourne avec légèreté sur le talon gauche et sur la pointe du pied droit, sans perdre l'aplomb du corps. Pour remettre l'homme face en tête, on commande : *Escadron — front !*

On fait aussi exécuter des demi à droite (ou à gauche) pour préparer l'homme à la marche oblique. Le mouvement s'exécute au commandement : *Oblique à droite — droite ! (ou à gauche — gauche !)* On remet l'homme face en tête soit en commandant un demi à gauche (ou à droite) soit en commandant : *Front !*

§ 3.

Marche en général.

Dans la marche, comme de pied ferme, l'homme doit conserver son aplomb et une position correcte et non gênée.

Au commandement : *En avant — marche !* le pied gauche est porté sans secousse en avant à $0^m,80$ du droit ; le jarret tendu en posant le pied à terre ; la pointe du pied un peu baissée et tournée en dehors ; le haut du corps porté en avant ; le pied est posé à plat et sans frapper à la distance où il se trouve du pied droit. Dès que le pied gauche est complétement posé à plat, le pied droit quitte le sol, la jambe droite est passée en avant, la pointe du pied baissée vers le sol sans y appuyer, et le pied est posé à la même distance et de la même manière qu'il vient d'être dit pour le pied gauche. Pour éviter l'oscillation brusque du corps, celui-ci doit suivre le pied qui est en avant. L'homme continue à marcher ainsi sans croiser les jambes, sans tourner les épaules et la tête toujours directe.

Pour faire raccourcir le pas, on commande : *Raccourcissez le pas !* Et pour le faire reprendre de la longueur ordinaire, on commande : *Franchement en avant !*

Au commandement : *Escadron, — halte !* l'homme rapporte le pied qui est en arrière à côté de l'autre sans frapper, et reste immobile.

La vitesse du pas est de 112 par minute (1).

Pour alléger la marche on commande : *Reposez-vous !*

L'homme marche alors librement en laissant aux bras leur mouvement d'oscillation naturelle.

L'homme reprend la marche régulière au commandement : *Alignez-vous !*

§ 4.

Appuyer.

Pour se porter à une petite distance à droite ou à gauche sans changer de front, on commande : *Appuyez à droite* (ou *à gauche*) — *marche !*

Porter le pied droit sans frapper et le jarret tendu à un demi-pas à droite ; assembler du pied gauche et continuer ainsi à la cadence de 112 pas par minute, en conservant la position du corps.

Lorsqu'on appuie à gauche, au commandement : *Appuyez à gauche !* les hommes tournent légèrement la tête à gauche et la maintiennent dans cette position pendant le mouvement. Pour terminer le mouvement,

---

(1) Un pas plus lent d'une vitesse de 75 à la minute peut être employé pour la première instruction des recrues, afin de mieux leur donner l'aplomb du corps ainsi que dans les exercices préparatoires aux évolutions à cheval exécutées à pied.

on commande : *Halte!* Lorsqu'on a appuyé à gauche, on commande ensuite : *Les yeux à droite!* (2).

§ 5.

Pas en arrière.

Pour se porter à une petite distance en arrière sans changer de front, on emploie l'alignement en arrière.

Au commandement: *En arrière, alignez-vous! — marche!* faire le pas en arrière sans frapper, à la cadence de 112 pas à la minute; le pied gauche entame la marche. L'homme ne doit pas croiser les jambes et il conserve la position du corps. La longueur du pas en arrière est la moitié de la longueur du pas en avant.

Pour terminer, on commande : *Halte!* Rapporter alors le pied qui est en avant à côté de l'autre, sans frapper.

CHAPITRE II.

INSTRUCTION AVEC LE SABRE.

§ 6.

Position avec le sabre.

On ne doit donner le sabre à l'homme de recrue pour l'exercice que lorsqu'il a acquis une certaine sûreté dans les mouvements de pied ferme et dans la marche.

En se mettant en marche avec le sabre dans le fourreau, l'homme saisit le fourreau de la main gauche entre les deux anneaux, les deux premiers doigts en

(2) Pour replacer la tête directe.

avant, le pouce et les deux autres doigts en arrière; le bras allongé sans roideur. De pied ferme, le dard du sabre est élevé de 2 pouces environ au-dessus du sol. Le fourreau pose à plat et verticalement sur la cuisse; il doit être placé de telle sorte que, vu de profil, la poignée ne dépasse pas la cuisse. Le bras droit reste comme il est prescrit plus haut.

§ 7.

Maniement du sabre.

On met le sabre à la main en deux temps comptés avec la vitesse de la marche, au commandement : *Sabre à la main !*

1er Temps. Le premier temps s'exécute à la dernière partie du commandement et se décompose en deux mouvements. Premier mouvement : Porter la poignée du sabre (ou l'épée) en avant et en bas avec le poignet gauche, sans bouger le bras de manière à élever le dard à 30 pouces au-dessus du sol. Saisir la partie supérieure de la poignée de l'épée avec le pouce et les deux premiers doigts, les deux autres doigts dans le prolongement des premiers, la poignée du sabre à pleine main, tirer vivement la lame du fourreau en la portant en avant; 2° mouvement : Porter la lame à plat et verticale vis-à-vis le milieu du corps, le bouton de la poignée partageant le bouton inférieur de l'habit, ou le bord inférieur de la boucle du ceinturon de l'épée, l'articulation du poignet légèrement tournée en dehors, la poignée à 4 doigts du corps de l'homme. Dès que la lame est sortie du fourreau, le laisser revenir à sa position.

2ᵉ Temps. — Porter rapidement la lame par le plus court chemin au côté droit; pour le sabre passer les deux derniers doigts de la main droite en arrière de la poignée.

Après le mouvement, le bras droit est légèrement courbé, le coude effacé, la garde partage la face antérieure de la hanche, le dos de la lame repose sur l'os de l'épaule, le tranchant en avant, la poignée appuyée à la cuisse.

B. On remet le sabre dans le fourreau en deux temps au commandement : *Remettez — sabre !*

1ᵉʳ Temps. — A la dernière partie du commandement, replacer la lame par le plus court chemin à la position du 1ᵉʳ temps de *mettre le sabre à la main*. Avec le sabre, les deux derniers doigts se replaçant à la poignée.

2ᵉ Temps. — Élever la main droite verticalement, passer rapidement la lame par-dessus l'épaule gauche, en glissant le dos de la lame le long du bras jusqu'à hauteur du coude qui reste collé au corps; élever la lame jusqu'à ce que la pointe se trouve à hauteur de l'ouverture du fourreau; placer en même temps le fourreau, le dard à 30 pouces de terre, comme au premier temps de mettre le sabre à la main; jeter un coup d'œil sur le fourreau, en tournant fort peu la tête; engager la lame jusqu'à un pouce de la croisée de la garde, et l'enfoncer d'un coup dans le fourreau. Replacer la main droite sur le côté par le plus court chemin.

C. On présente l'arme en deux temps comptés avec la vitesse de la marche comme dans tout le maniement d'armes, au commandement : *Présentez le sabre !* On ne fait le commandement pour présenter l'arme que lorsqu'on est au port du sabre.

1er Temps. — Comme le 1er temps pour mettre le sabre à la main ou le remettre dans le fourreau (1).

2e Temps. — Porter en avant le bras droit allongé sans roideur, la lame verticale, le dos vers le corps en face de l'épaule droite, le bouton de la poignée à hauteur du bord inférieur du ceinturon de l'épée ou du bouton inférieur de l'habit.

Comme honneur à rendre par les sentinelles, on présente aussi dans certains cas l'arme de côté. Au deuxième temps, au lieu de porter le sabre en avant, on le porte vers le côté droit de manière que la lame verticale se trouve en ligne avec les deux épaules, le pommeau à hauteur de l'os de la hanche.

D. On reporte le sabre à l'épaule en deux temps, au commandement : *Arme à l'épaule !*

1er Temps. — Comme le premier temps pour présenter le sabre.

2e Temps. — Reporter le sabre à l'épaule comme au deuxième temps de mettre le sabre à la main.

E. On repose le sabre en un temps au commandement : *Reposez vos armes !*

A la dernière partie du commandement, porter la main droite vis-à-vis le milieu du corps, la croisée de la garde à 4 doigts en dessous du bouton inférieur de l'habit ou du bord inférieur du ceinturon de l'épée ; l'avant-bras appuyé à la hanche, la lame à plat sur la poitrine et reposant sur l'épaule droite.

F. On reporte le sabre à l'épaule droite, au commandement : *Portez — armes !*

---

(1) On prend aussi cette position au commandement, *Sabre haut !* On fait ensuite présenter le sabre, où on le fait porter à l'épaule.

Remarques. — 1° Dans tous les mouvements du maniement du sabre, il faut tenir à ce que les bras et les mains soient seuls en mouvement, le corps conservant sa position.

2° Comme exercice, on fait exécuter le maniement du sabre en décomposant.

3° Pour faire repos en marchant, avec le sabre dans le fourreau, l'instructeur commande : *Reposez-vous!*

La main gauche saisit alors le fourreau à pleine main entre les deux anneaux et le tient horizontalement; au commandement : *Alignez-vous!* ou *Halte,* l'homme reprend sa position.

4° Pour faire repos avec le sabre à la main, on doit mettre le sabre sur la poitrine.

ARTICLE DEUXIÈME.

LA TROUPE ET L'ESCADRON A PIED.

CHAPITRE III.

INSTRUCTION DE LA TROUPE.

§ 8.

De la troupe.

Lorsque l'homme a été instruit individuellement, on le prépare à l'école d'escadron en le faisant manœuvrer avec plusieurs autres formant une troupe composée de rangs et de files.

Les principes qui sont applicables à l'instruction de la troupe sont les mêmes que ceux qui sont exposés dans le chapitre suivant pour l'escadron; les commandements sont aussi les mêmes. C'est pourquoi l'on renvoie, pour cette instruction, aux prescriptions suivantes (1).

CHAPITRE IV.

FORMATION, DIVISION ET ALIGNEMENT DE L'ESCADRON.

§ 9.

Formation sur deux rangs.

L'escadron est formé sur deux rangs; le 2° rang parallèle au 1er et à un pas derrière lui (distance mesurée du dos de l'homme du 1er rang à la poitrine de l'homme du 2° rang).

L'homme du 2° rang doit se trouver dans la même direction que son chef de file de manière à le couvrir. Deux cavaliers placés ainsi l'un derrière l'autre constituent ce qu'on appelle une file.

Dans chaque rang, les hommes sont placés par rang de taille de la droite à la gauche. Chaque homme, avec ou sans arme, doit sentir le coude de son voisin sans le serrer. Les poitrines et les épaules de tous les hommes doivent se trouver dans le même alignement.

Lorsque le nombre des hommes est impair, il manque un homme à l'aile gauche du deuxième rang.

§ 10.

Division en pelotons et par trois.

L'escadron est divisé en deux fractions autant que

(1) Dans la disposition d'une troupe, l'officier commandant se place à 20 pas en avant du centre ; les ailes sont occupées par des sous-officiers, qui conservent leurs places dans les à droite, les à gauche, les demi-tours et pendant la marche de flanc ; un troisième sous-officier est placé en serre-file derrière le centre.

possible égales, qu'on nomme pelotons. Elles prennent les noms de 1er et de 2e peloton de la droite à la gauche. Dans le cas où le nombre des files est impair, le 1er peloton a une file de plus que le 2e.

Chaque peloton est divisé en fractions de trois files à partir de la droite. Lorsqu'il y a une file en plus, elle se réunit à la dernière fraction, qui se compose alors de quatre files. Lorsqu'il y a deux files en plus, la première fraction se compose des deux premières files et du sous-officier de l'aile droite.

§ 11.

Places des officiers, sous-officiers, et trompettes.

Dans l'escadron en bataille, le commandant de l'escadron est placé à 20 pas en avant du centre; le plus ancien officier après lui, à l'aile droite du 2e peloton; le second par ordre d'ancienneté, à l'aile droite du 1er peloton; ces deux officiers sont les chefs de peloton. Le plus jeune officier est placé à l'aile gauche du 2e peloton. Lorsqu'il y a encore un officier présent, il est placé en serre-file derrière le centre, à deux pas en arrière de la ligne des sous-officiers serre-files; lorsqu'il reste deux officiers présents, le plus ancien est placé derrière le centre du 1er peloton, le plus jeune derrière le centre du 2e peloton; lorsqu'il reste trois officiers présents, le plus ancien est placé derrière la 2e file de droite, le suivant derrière le centre, le dernier derrière la 2e file de gauche; lorsqu'il y a quatre officiers présents en serre-files, ils se placent par ordre d'ancienneté, de la droite à la gauche, derrière les 2es files de droite et les 2es files de gauche des deux pelotons.

Derrière chaque chef de peloton, se trouve au 2° rang un sous-officier, qui prend la place de l'officier toutes les fois que celui-ci quitte sa place au 1er rang. Ces sous-officiers sont appelés sous-officiers des ailes. Derrière la 2° file de gauche de chaque peloton, à 2 pas en arrière du 2° rang, se trouve aussi un sous-officier. Les sous-officiers restants sont également répartis derrière les deux pelotons. Le vachtmeister, derrière la 2° file de droite du 1er peloton; le porte-épée faenrich ou le vice-vachtmeister derrière la 2° file de droite du 2° peloton.

Les sous-officiers serre-files se tiennent à deux pas du 2° rang, alignés entre eux.

Les trompettes sont placés sur un rang à deux pas du sous-officier de l'aile droite, sur l'alignement du 2° rang.

§ 12.

Alignement.

Pour l'alignement, chaque homme doit se porter exactement sur la ligne sur laquelle se trouvent ses voisins du côté de l'alignement. De la sorte, dans un rang bien aligné, les épaules, les talons et les poitrines de tous les hommes se trouvent dans les mêmes directions.

Dans cette disposition, chaque homme peut reconnaître s'il est aligné; dans ce cas, en tournant légèrement la tête du côté de l'alignement, il doit voir son voisin avec l'œil de ce côté, et avec l'autre œil, qui est légèrement en avant, il doit voir l'ensemble du front.

L'alignement de la ligne en bataille est à droite, à moins qu'on ne commande *Les yeux à gauche!*

§ 13.

Détermination de la base d'alignement.

La base d'alignement est déterminée par les officiers ou sous-officiers qui se portent sur la ligne au commandement : *Points en avant!* Les deux rangs se portent en ligne au commandement : *Alignez-vous!* et s'alignent promptement. Les hommes qui ont tourné la tête du côté de l'alignement ne replacent la tête directe que lorsque l'alignement est terminé.

A l'escadron, au commandement : *Points en avant !* les deux chefs de peloton et l'officier de l'aile gauche se portent à un pas en avant pour déterminer la ligne. Lorsque les points doivent se porter plus en avant, le commandant l'indique *Points, trois (quatre, etc.) pas en avant!*

On ne porte l'escadron en arrière que pour parcourir une courte distance. Le mouvement s'exécute comme il est prescrit pour un homme seul, § 5. Au commandement: *Escadron, — en arrière alignez-vous! — marche!* on se porte toujours à un pas en arrière de la ligne sur laquelle on veut se placer. Au commandement : *Halte!* les points se portent en avant, et l'on fait ensuite aligner comme il est prescrit plus haut.

Remarque. — Après l'alignement à droite, l'homme replace la tête directe sans commandement. Pour aligner à gauche, l'instructeur commande *Les yeux à gauche!* et, pour faire replacer la tête directe, il commande *Les yeux à droite !*

CHAPITRE V.

MANIEMENT DU SABRE.

§ 14.

Maniement et salut du sabre.

Le maniement du sabre est exécuté par l'escadron exactement comme il est prescrit pour un homme seul, § 7 ; tous les hommes doivent exécuter les mouvements ensemble en se réglant les uns sur les autres (1).

Les commandements du commandant de l'escadron sont les suivants :

Sabre à la main !
Présentez le sabre !
Portez le sabre !
Reposez le sabre !
Portez le sabre !
Remettez le sabre !

En mettant le sabre à la main, les hommes du 2° rang ne doivent pas porter la lame trop en avant, mais plutôt la tirer vers le haut de manière à ne pas toucher avec elle leurs chefs de file.

Pour l'exercice du maniement du sabre, on fait l'avertissement préalable *Maniement !* Dans ce cas, les officiers et les sous-officiers n'exécutent pas avec la troupe.

Lorsque, pour présenter l'arme, on commande *At-*

______

(1) Le commandant de l'escadron doit mettre lui-même le sabre à la main avant de commander à la troupe de mettre le sabre à la main.

tention! les officiers saluent, les trompettes sonnent une fois le 4e refrain de la marche de parade et ensuite une marche de campagne ; il en est ainsi qu'on ait fait ou non préalablement l'avertissement : *Maniement!* Avant le commandement pour remettre le sabre, on fait alors le commandement : *Attention!* et le commandant de l'escadron fait signe avec son sabre de cesser de sonner.

Le salut du sabre est exécuté par les officiers en deux temps, de la manière suivante :

1er Temps. — Comme le 1er temps de *présentez le sabre.*

2e Temps. — Abaisser la pointe du sabre jusqu'à un pouce de terre, le bras droit allongé le long de la cuisse, le tranchant en dedans. Le salut du sabre s'exécute en même temps que la troupe présente le sabre. Lorsque la troupe exécute le 1er temps pour porter le sabre. les officiers reviennent à la position du 1er temps du salut, et au 2e temps ils portent le sabre au côté droit.

Généralement les sous-officiers ne présentent pas le sabre ; ils restent au port du sabre.

CHAPITRE VI.

MOUVEMENTS DE L'ESCADRON.

Introduction.

L'exercice à pied étant en dehors du rôle que doit jouer la cavalerie doit être limité autant que possible. Par conséquent, les mouvements indiqués plus loin ont exclusivement pour but d'instruire la troupe pour le service de la garnison et pour la parade à pied.

§ 15.

A droite, à gauche, demi-tour et oblique
de pied ferme.

Ces mouvements sont exécutés par l'escadron comme il est prescrit § 2 pour l'homme seul. Leur exécution doit être simultanée.

Lorsque ces mouvements sont faits seulement dans le but d'y exercer l'escadron, on en fait l'avertissement; les chefs de peloton restent alors à leurs places dans le rang et exécutent les mouvements avec la troupe.

§ 16.

Appuyer.

L'appuyer est exécuté par l'escadron comme il est prescrit § 4 pour l'homme seul; seulement, pour conserver exactement le front, au commandement : préparatoire: *Escadron, — appuyez à droite!* ou *Escadron, — appuyez à gauche!* les chefs de peloton se placent contre et devant l'homme de droite de leur peloton et l'officier de l'aile gauche contre et devant l'homme de gauche de l'escadron. Au commandement : *Marche!* l'escadron appuie alors derrière ces points.

Pour faciliter la conservation du front, le sous-officier de l'aile gauche, ou le vachtmeister se porte dans le prolongement de la ligne des officiers qui se sont portés en avant (1).

---

(1) Dans une troupe sans officier sur le front, les sous-officiers des ailes, ou l'homme de droite et l'homme de gauche se portent aux places désignées aux officiers.

Au commandement : *Halte!* on s'aligne promptement; les points rentrent à leurs places au commandement : *Rentrez!* Lorsqu'on a appuyé à droite, ou au commandement : *Les yeux à droite!* lorsqu'on a appuyé à gauche.

On peut aussi, après avoir appuyé à droite, appuyer à gauche sans faire auparavant rentrer les points à leurs places. Lorsqu'on a appuyé à gauche, pour faire appuyer à droite sans faire rentrer les points à leurs places, on ne commande pas; *Les yeux à droite!* on fait de suite le commandement : *Appuyez à droite!* — *marche!* alors, au commandement préparatoire, les hommes portent les yeux à droite.

§ 17.

Marche de front.

La marche de front est un mouvement en avant dans une direction perpendiculaire à la ligne. Le commandement pour commencer la marche est : *Escadron en avant!* — *marche!* La direction (le guide) est à droite dans la marche en avant, à moins qu'il ne soit spécialement indiqué à gauche par le commandement : *Les yeux à gauche!* Le tact des coudes se prend du côté de la direction.

Les règles à suivre dans la marche de front sont les suivantes :

A. L'homme de l'aile droite (sous-officier de l'aile ou chef de peloton) ou l'homme de gauche lorsque la direction est à gauche doit marcher droit devant lui, car c'est sur lui que tout le rang s'aligne.

A cet effet, cet homme doit déterminer la direction à suivre par deux ou plusieurs points situés en avant de lui. L'homme de l'aile marche dans cette direction sans s'inquiéter du rang et en conservant la vitesse de la marche.

B. Chaque homme doit sentir légèrement le coude de son voisin du côté de la direction.

C. Il doit céder à la pression qui vient du côté de la direction et résister à celle qui vient du côté opposé.

D. Dans le cas où l'homme a perdu le tact des coudes, ou lorsqu'il est trop serré, il ne doit réparer la faute que progressivement; autrement, il en résulterait du désordre dans la marche. Ce même principe s'applique au cas où l'on doit rectifier l'alignement perdu (1).

Après avoir arrêté l'escadron, pour le faire rétrograder, le commandant de l'escadron commande : *Escadron, — demi-tour!* et après le mouvement, *Escadron, en avant — marche!* La marche en arrière s'exécute suivant les mêmes principes que la marche en avant, avec cette différence que la direction est à gauche, sans commandement, si elle était à droite pendant la marche en avant, et inversement dans le cas contraire.

Les officiers et sous-officiers ainsi que les trompettes restent à leurs places pendant la marche en arrière, à moins que le commandant de l'escadron ne commande : *Officiers et sous-officiers, — traversez!* dans ce cas, les chefs de peloton et l'officier de l'aile gauche se portent à hauteur du rang qui est en avant; les officiers et sous-officiers serre-files se portent par le chemin le plus court en arrière du 1er rang, en passant par les ailes de l'escadron.

Lorsqu'on est revenu face en tête, les officiers et sous-officiers reprennent leurs places.

---

(1) Pour exercer à la marche de front on fait d'abord marcher la troupe par rang avec des intervalles.

§ 18.

Marche oblique.

Lorsque, pendant la marche de front, on veut gagner en même temps du terrain en avant et sur le côté, on exécute la marche oblique. La direction de cette marche forme un angle de 45° avec celle de la marche directe.

Au commandement : *Escadron, — oblique à droite* (ou à *gauche*) — *marche!* chaque homme exécute un demi à droite (ou un demi à gauche) et marche droit devant lui dans la nouvelle direction.

Dans la marche oblique à droite, l'épaule droite de chaque homme doit se trouver en arrière de l'épaule gauche de son voisin de droite; c'est l'inverse dans la marche oblique à gauche. Pour reprendre l'ancienne direction de la marche perpendiculaire au front, le commandant de l'escadron commande : *Escadron,—en avant!* chaque homme exécute un demi à gauche (ou un demi à droite) et l'on reprend la marche directe.

Pendant la marche oblique, la direction est constamment du côté de l'oblique, sans commandement; lorsqu'on reprend la marche directe, au commandement, elle revient également sans commandement du côté où elle était précédemment.

§ 19.

Marche de flanc.

Pour marcher vers le côté, on emploie la marche de flanc, pour laquelle on commande : *A droite — droite!* ou *A gauche — gauche!* et, après le mouvement : *En avant — marche!*

Tous les hommes de l'escadron se portent en même temps droit devant eux au commandement : *Marche !* mais, à cause des éperons, l'homme de l'aile droite (ou de l'aile gauche) peut seul se porter immédiatement en avant; les autres le font successivement lorsqu'ils ont gagné la distance d'un pas.

Les chefs de peloton marchent à la gauche de l'homme de l'aile droite du 1er rang, et dans la marche de flanc à gauche, à la droite de l'homme de l'aile gauche du 1er rang de leur peloton. L'officier de l'aile gauche marche à la droite, de l'homme de l'aile gauche du 2e rang dans la marche de flanc à droite, et dans la marche de flanc à gauche, à la gauche de ce même homme. Les officiers et sous-officiers serre-files conservent leurs places.

Pendant la marche les hommes du 2e rang doivent rester alignés sur ceux du 1er rang.

§ 20.

Changement de la direction de la marche par conversion.

Pour changer la direction de la marche, le commandant de l'escadron commande : *Tête à droite* (ou *à gauche*) *conversion — marche !* et lorsque la nouvelle direction est prise : *En avant !* chaque homme tourne sur le même terrain que celui qui le précède.

§ 21.

L'escadron étant en colonne par le flanc, le former en bataille.

A. Pour reformer l'escadron sur le même front, on

commande *Halte!* La tête s'arrête aussitôt; et les autres, files successivement lorsqu'elles ont atteint leur distance. On fait alors le commandement : *Front!* les chefs de peloton et l'officier de l'aile gauche reprennent leurs places.

B. *Par file.* Pour se mettre en bataille perpendiculairement à la direction de la marche, en emploie la formation par file. Le commandement est : *Escadron, — vers la gauche* (ou *la droite*) *formez-vous — marche!* et immédiatement après *Tête-halte!* l'homme de l'aile du 2e rang se place derrière son chef de file et à sa distance. Les autres files se portent en ligne par un demi à gauche (ou à droite), sentent le coude et s'alignent du côté de l'aile qui est arrêtée. Lorsque la gauche est en tête, on commande les *Yeux à droite!* après la formation.

Lorsqu'on doit se former en pelotons, on commande : *Escadron, — en pelotons vers la gauche* (ou *la droite*) *formez-vous — marche!* et de suite après : *Têtes — halte!* Les têtes des deux pelotons s'arrêtent aussitôt. La formation s'exécute suivant les mêmes principes que celle de l'escadron. Les chefs de peloton se placent, pendant le mouvement, devant le centre de leur peloton. Aussitôt que les pelotons sont formés, le commandant de l'escadron commande : *Les yeux à gauche* (ou *à droite*)! A ce commandement le chef du peloton qui se trouve en arrière commande : *En avant — marche!* lorsqu'il est à la distance du peloton qui précède.

§ 22.

Contre-marche.

On emploie la contre-marche pour transformer une colonne ouverte (1) par pelotons, la droite en tête, en

____

(1) On appelle colonne ouverte un colonne à distance entière.

une colonne ouverte par pelotons la gauche en tête faisant face du côté opposé à la première. A l'avertissement: *Contre-marche!* les chefs de peloton se portent à 1 pas en avant de l'homme de l'aile gauche de leur peloton, faisant face au peloton. Le commandant de l'escadron commande alors: *A droite — droite!* puis: *En avant — marche!* Les sous-officiers des ailes droites, après avoir marché deux pas en avant, tournent deux fois à gauche et marchent droit sur leurs officiers; arrivés contre ces derniers, ils se placent derrière eux; les hommes des ailes droites viennent toucher les chefs de peloton; le commandant de l'escadron commande: *Halte!* puis: *Front!* lorsque le dernier homme est arrêté. Les chefs de peloton se rendent alors devant le centre de leur peloton.

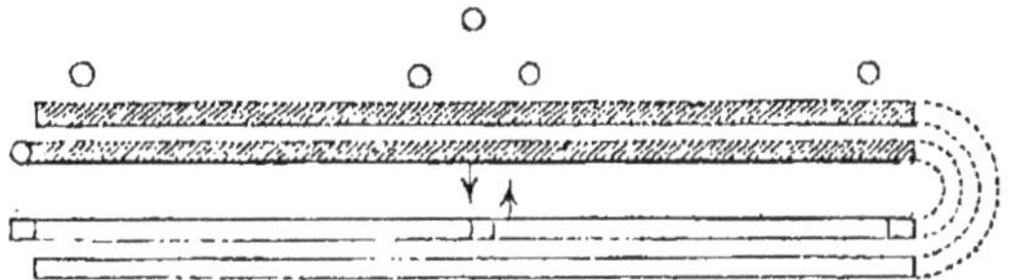

Un à droite individuel suivi de deux changements de direction à gauche.

Dans la contre-marche, le 1ᵉʳ rang forme toujours le pivot de la conversion, qu'on ait la droite ou la gauche en tête.

La contre-marche de l'escadron s'exécute suivant les mêmes principes et aux mêmes commandements; seulement le point où se trouvait l'aile gauche et sur lequel doit se diriger l'officier de l'aile droite est déterminé par le sous-officier serre-file de gauche de l'escadron. Il reste là jusqu'à ce que l'officier de l'aile droite vienne le toucher et que le commandant commande : *Halte!* A ce commandement le serre-file reprend sa place.

§ 23.

Conversions de pied ferme.

A. *Rupture et formation par une conversion par pelotons.*

L'escadron étant de pied ferme, pour rompre par pelotons, on commande : *Escadron, — par pelotons à droite (à gauche), conversion — marche!*

Au commandement *Marche!* les pelotons se mettent en mouvement. Chaque homme raccourcit le pas en raison de l'éloignement où il se trouve du pivot. L'homme placé au pivot tourne sur place, se réglant sur l'aile marchante et sur l'ensemble du rang. Pendant la conversion, le tact des coudes se prend du côté du pivot et la direction sur l'aile marchante.

Pendant le mouvement, les chefs de peloton se placent devant le centre de leur peloton, à 2 pas en avant du 1er rang. L'officier de l'aile gauche se porte en serre-file derrière le centre du 2e peloton, dans le cas où il est seul. Les officiers serre-files restent derrière les pelotons. Lorsqu'il y en a un seul présent, il se place derrière le centre du premier peloton ; lorsqu'ils sont deux, le 2e se place derrière la 2e file de droite du 2e peloton, et alors l'officier de l'aile gauche se place derrière la 2e file de gauche de ce peloton ; lorsqu'il y a 3 officiers serre-files, plus l'officier de l'aile gauche, il s'en trouve un derrière les 2 files de droite et de gauche de chaque peloton ; dans le cas où il y aurait quatre officiers serre-files, il s'en trouverait deux derrière le 1er peloton et trois derrière le 2e peloton, y compris l'officier de l'aile gauche.

Le sous-officier placé en serre-file derrière la 2° file de gauche de chaque peloton se porte à la gauche du 1er rang du peloton ; il est remplacé derrière la 2° file par un autre sous-officier serre-file.

Les trompettes se placent à trois pas en avant du chef du 1er peloton lorsqu'on a la droite en tête, et lorsqu'on a la gauche en tête, à 3 pas derrière les officiers ou les sous-officiers serre-files du 1er peloton.

Le commandant de l'escadron reste à sa place, à vingt pas sur le flanc de la colonne.

Après la conversion, tout le monde s'arrête au commandement : *Halte !* on se porte en avant dans la nouvelle direction au commandement : *En avant !* Dans les deux cas, la direction se trouve sans commandement du côté où elle était pendant la conversion.

Le commandement pour se reformer en bataille par une conversion par pelotons est le même que pour rompre.

L'exécution du mouvement est aussi la même. Officiers, sous-officiers et trompettes reprennent leurs places en ligne.

Après l'emboîtement, la direction et le tact des coudes se prennent à droite sans commandement.

B. *Rompre par trois.*

On commande : *Escadron, —par-trois à droite (gauche) conversion,—marche !* Chaque fraction de 3 files converse, le 2° rang restant derrière le premier.

Au commandement : *Halte !* ou *En avant !* la direction (guide ou alignement) est à gauche lorsqu'on a conversé à droite, ou à droite lorsqu'on a conversé à gauche.

Dans le cas où l'on se porte en avant on doit se conformer à ce qui est dit § 19 relativement aux éperons.

Les chefs de peloton marchent du côté intérieur, à hauteur de la tête de leur peloton; l'officier de l'aile gauche marche du côté extérieur, à hauteur du 1er rang de la dernière fraction de trois files du 2° peloton; les officiers serre-files restent à leurs places sur le flanc de la colonne.

Les sous-officiers des ailes marchent à hauteur du 1er rang de trois de leur peloton; les sous-officiers du côté extérieur, à hauteur du 1er rang de la fraction de trois files la plus voisine; les trompettes restent devant ou derrière l'escadron.

Le commandant de l'escadron, sur le flanc, comme dans la colonne ouverte.

§ 24.

Conversions en marchant.

L'escadron marchant en colonne ouverte, la conversion pour changer la direction de la marche s'exécute à l'avertissement du commandant : *Tête à droite (gauche) conversion !* et au commandement du chef du peloton de tête : *A droite (gauche) conversion ! — marche !* L'aile marchante parcourt l'arc de cercle nécessaire, l'aile opposée raccourcit le pas jusqu'à ce qu'elle soit dans la nouvelle direction, en laissant libre le point autour duquel la conversion s'exécute.

Après la conversion, au commandement : *En avant !* fait par le chef de peloton de tête, les deux ailes se portent ensemble en avant au même pas. Le peloton suivant tourne sur le même terrain que le premier au com-

2

mandement de son chef : *Conversion — marche!* et *en avant!*

L'escadron marchant en colonne par trois, pour changer la direction de la marche, le commandant commande : *Tête à droite (gauche) conversion — marche!* et *en avant!* Tous les rangs de trois tournent sans commandement sur le terrain où la tête a tourné.

§ 25.

L'escadron étant en colonne par pelotons ou par trois, le former en ligne.

A. *L'escadron étant en colonne par pelotons,*
le former en ligne.

Le commandant de l'escadron commande : *Escadron, — vers la gauche!* (ou *droite*) *formez-vous — marche!*

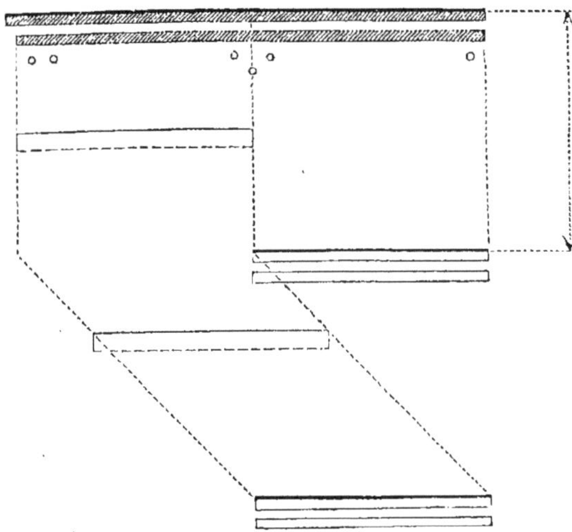

Le premier peloton avance d'une longueur égale à son front; le 2ᵉ peloton se porte en ligne par une marche oblique individuelle.

L'officier du peloton de tête fait alors l'avertissement : *En avant !* et, lorsque son peloton a avancé d'une longueur égale à son front, il commande : *Halte ! les yeux à droite !* (ou *à gauche !*) L'officier du dernier peloton commande : *Oblique à gauche* (ou *à droite*) — *marche!* et lorsque le front de son peloton est dégagé : *En avant ! les yeux à droite !* (ou *à gauche!*) à hauteur du 2e rang du peloton qui est arrêté, il commande : *Halte! alignez-vous !* son peloton se porte alors en ligne.

Pendant l'alignement les chefs de peloton et l'officier de l'aile gauche se replacent au premier rang.

Lorsqu'on s'est formé en obliquant à droite, le commandant de l'escadron commande : *Les yeux à droite !* après le mouvement.

B. *L'escadron étant en colonne par trois,*
le former en ligne.

Le commandant de l'escadron commande : *Escadron,* — *vers la gauche* (ou *vers la droite*) *formez-vous* — *marche !* et lorsque le premier rang de trois a avancé d'une longueur égale à son front, il commande : *Tête — halte !*

Tous les autres rangs de trois se portent en ligne par une marche oblique, s'arrêtent à hauteur des premières files et s'alignent de leur côté.

Après la formation en obliquant à droite, le commandant commande : *Les yeux à droite !*

Les officiers, sous-officiers et trompettes reprennent leurs places en ligne.

C. *L'escadron étant en colonne par trois,*
former les pelotons.

Le commandant de l'escadron commande *Escadron,* —

en pelotons vers la gauche (ou *vers la droite*) *formez-vous —
marche !* et lorsque les premiers rangs de trois des deux
pelotons ont avancé d'une longueur égale au front, il
commande *Têtes halte !* Tous les autres rangs de trois
se portent par une marche oblique à hauteur des premiers et s'arrêtent sans commandement.

Après la formation, le commandant commande : *Les
yeux à gauche!* (ou *à droite !*). A ce commandement, le
chef du dernier peloton commande : *En avant — marche !*
et : *Halte!* lorsqu'il est arrivé à sa distance du peloton
précédent.

§ 26.

Former la colonne serrée par pelotons et l'ouvrir.

En vue de la formation de parade en colonne prescrite
§ 36 (B), on forme la colonne serrée par pelotons de la manière suivante : Le commandant de l'escadron commande :
*Escadron, — à droite en colonne par pelotons — à droite —
droite !* et après l'à droite exécuté : *En avant — marche !*
le 1er peloton ne bouge plus ; le 2e peloton se porte en
avant au commandement : *Marche !* le chef de ce peloton
reste à la tête et commande : *Halte !* aussitôt qu'il est
arrivé à hauteur de l'aile droite du 1er peloton, ensuite :
Front !

Les chefs de peloton marchent à l'aile droite de leur
peloton, les officiers serre-files se portent sur la ligne
des sous-officiers serre-files et à leur gauche, tous s'a-
vancent jusqu'à un pas du peloton. Les trompettes restent alignés sur le 2° rang du peloton de tête.

La direction en colonne serrée est à droite, la distance
entre les pelotons est de trois pas mesurés du 2° rang
d'un peloton au 1er rang du peloton qui suit.

L'escadron étant en colonne ouverte de pied ferme, pour le former en colonne serrée, le commandant commande : *Serrez — marche !* Le chef du 1ᵉʳ peloton commande alors : *Les yeux à droite !* le chef du 2ᵉ peloton lorsqu'il est à 3 pas de distance du peloton précédent, commande : *Halte !* et *Les yeux à droite !* Lorsque la colonne est en marche le commandant commande : *Serrez !* et le chef du 1ᵉʳ peloton : *Halte ! les yeux à droite !* Les chefs des autres pelotons font les mêmes commandements lorsqu'ils arrivent à leur distance.

L'escadron étant en colonne serrée de pied ferme, pour le former en colonne ouverte, le commandant commande : *Prenez les distances !* Chaque peloton se met successivement en marche au commandement de son chef : *En avant — marche !* Lorsque l'escadron est en marche, le commandant le fait d'abord arrêter.

§ 27.

Conversions de l'escadron en colonne serrée de pied ferme et en marche.

La conversion d'une colonne serrée de pied ferme ou en marche pour changer la direction s'exécute au commandement : *Escadron, — en colonne à droite (gauche) conversion ! — marche !* du commandant de l'escadron. Le peloton de tête exécute son mouvement comme il est prescrit pour la colonne ouverte. Le peloton suivant exécute sa conversion en gagnant en même temps du terrain en avant et sur le côté par la marche oblique, de manière à conserver la direction des files du 1ᵉʳ peloton, sans qu'un commandement particulier soit fait. Au commandement : *En avant !* du commandant de l'es-

2.

cadron, le 1er peloton se porte en avant; le peloton suivant ne se porte droit devant lui que lorsqu'il a terminé son changement de direction.

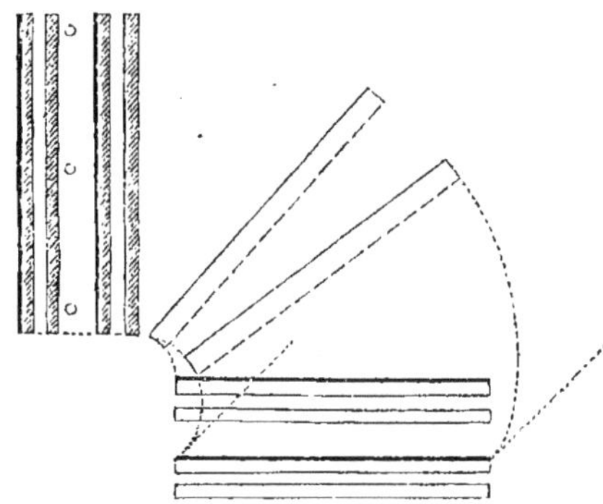

Le 1er peloton exécute une conversion à pivot mouvant; le 2e peloton exécute une conversion à pivot mouvant en même temps qu'une marche oblique individuelle.

ARTICLE TROISIÈME.

LE RÉGIMENT A PIED.

CHAPITRE VII.

FORMATION, ALIGNEMENT, MANIEMENT DES ARMES ET MOUVEMENTS DU RÉGIMENT.

§ 28.

Formation.

Le régiment se compose en paix de cinq escadrons

et en guerre de quatre escadrons disposés par ordre de numéros de la droite à la gauche. Il n'y a pas d'intervalle entre les escadrons.

L'étendard est placé au premier rang, entre le deuxième et le troisième escadron.

Dans chaque escadron, le commandant de l'escadron à l'aile droite du 1er peloton, l'officier le plus ancien après lui, à l'aile droite du 2e peloton, au 1er rang. Les autres officiers en serre-files, comme il est prescrit au § 11. Le plus jeune officier, à l'aile gauche de l'escadron, à hauteur du 1er rang. L'officier d'état-major du régiment à deux pas à la droite de l'officier de l'aile droite, à hauteur du 1er rang; derrière lui, l'adjudant du régiment, à hauteur du 2e rang.

Les officiers d'état-major agrégés présents, à côté de l'officier d'état-major du régiment, dans l'ordre de leurs patentes. Lorsqu'il y a un rittmeister agrégé plus ancien que les quatre commandants d'escadron, il se place à la droite de l'adjudant. Le commandeur du régiment, à quarante pas en avant du régiment.

Les sous-officiers placés comme il est prescrit au § 11.

Les trompettes du régiment, à quatre pas de l'aile droite; le 1er rang des trompettes sur l'alignement du 2e rang de la troupe.

§ 29.

Alignement.

Mêmes principes qu'au § 12.

§ 30.

Détermination de la base d'alignement.

Au commandement : *Points en avant!* du commandeur du régiment, le porte-étendard et les officiers des ailes du régiment se portent à un pas en avant, ou à une distance qui peut être indiquée dans le commandement. Ils sont alignés par l'officier d'état-major du régiment; pourtant, le commandeur du régiment peut rectifier lui-même l'alignement, en se portant soit au centre, soit à l'aile droite.

Au commandement : *En avant!* tous les chefs de peloton se portent sur la ligne; ceux qui sont à la droite de l'étendard s'alignent à gauche et replacent la tête directe; ceux qui sont à la gauche de l'étendard s'alignent à droite.

Au commandement : *Alignez-vous!* le régiment se porte sur la ligne et s'aligne à droite, comme il est prescrit au § 12.

§ 31.

Maniement du sabre et de l'étendard.

Le maniement du sabre est exécuté comme il est prescrit § 7 et § 14. Les commandements ne sont faits que par le commandeur du régiment.

Le sous-officier porte-étendard a le sabre au crochet; il tient l'étendard contre l'épaule, aussi verticalement que possible, avec le bras droit tendu. Lorsqu'on met l'arme au bras, il porte l'étendard sur l'épaule; au commandement : *Reposez-vous!* il le pose à terre; au commandement : *Immobile!* il place l'étendard vertica-

lement. Le salut de l'étendard s'exécute en deux temps :
1er temps : saisir l'étendard de la main gauche à hauteur de l'épaule ; 2e temps : abaisser l'étendard horizontalement, la pointe en avant ; le rapporter ensuite contre l'épaule.

§ 32.

Mouvements.

Les mouvements du régiment s'exécutent suivant les principes prescrits § 15, 16 et jusqu'à 27, inclusivement. Le commandeur du régiment fait seul les commandements.

Outre les colonnes par pelotons décrites § 26, on peut employer, pour la parade, la colonne serrée par escadrons.

A cet effet, aux commandements du commandeur du régiment : *Régiment — à droite en colonne par escadrons — à droite — droite !* et : *En avant — marche !* les commandants d'escadron se conforment à ce qui est prescrit § 26 pour les chefs de peloton. Les distances entre les escadrons sont de cinq pas, mesurés du 2e rang d'un escadron au 1er rang de l'escadron suivant.

ARTICLE QUATRIÈME.

GRANDE PARADE A PIED.

CHAPITRE VIII.

PRESCRIPTIONS GÉNÉRALES, GRANDE PARADE DE PIED FERME ET DÉFILER.

§ 33.

Comment les troupes d'une parade doivent être commandées.

1. Lorsque plusieurs escadrons d'un régiment sont réunis, le commandeur du régiment en prend le commandement. Lorsque ce sont des escadrons de différents régiments, le plus ancien commandeur de ces régiments les commande.

2. Lorsqu'il se trouve à la parade plus d'un commandeur de régiment de la même brigade, le commandeur de brigade prend le commandement et ainsi de suite, jusqu'au général commandant. Lorsque les commandeurs des régiments sont de brigades différentes, on suit la règle 1.

3. Dans le cas où le chef qui doit prendre le commandement, d'après les règles précédentes, vient à manquer, le plus ancien des officiers présents ayant un commandement, commande la parade, à moins qu'il n'en ait été désigné un autre.

Dans les divisions où le commandeur de brigade

manque, le plus ancien commandeur de brigade le remplace.

4. Les officiers qui commandent, d'après les règles
précédentes, mettent l'épée à la main.

5. Tous les officiers supérieurs appartenant aux
troupes formées pour la parade sont aussi présents,
mais ils ne mettent pas le sabre à la main.

Dans la formation en bataille, ils se placent, avec
leur adjudant derrière eux, à l'aile droite à côté des
trompettes, ou à l'aile gauche des troupes dont ils font
partie, suivant que la personne qui passe la revue arrive par l'une ou l'autre des ailes; ils saluent alors en
portant la main droite à la casquette; ils accompagnent
la personne qui passe la revue, suivis de leurs adjudants, tout le long du front des troupes; ils se tiennent
du côté extérieur, le plus ancien à côté de la personne
qui passe là revue, les autres ensuite par rang d'ancienneté jusqu'au commandeur du régiment inclusivement.
Pour le défiler, les officiers supérieurs, sans adjudants,
marchent à droite de la colonne, à un pas de la ligne
des sous-officiers des ailes; le plus ancien à hauteur de
l'officier qui commande la parade, les autres suivant à
la distance prescrite.

Ils saluent en portant la main à la coiffure et se placent ensuite en arrière et à droite de la personne devant laquelle on défile. Ces officiers supérieurs ne défilent ainsi qu'une seule fois et ne suivent plus les troupes
si elles défilent de nouveau, même dans un ordre diffé-
rent.

§ 34.

Grande parade d'un escadron de pied ferme.

La formation d'un escadron pour la grande parade

est la même que celle qui est prescrite §§ 8, 9 et 10 ; pourtant, l'escadron ne doit pas comprendre plus de 48 files et 10 sous-officiers, non compris le porte-étendard. Lorsque tous les trompettes du régiment assistent à la parade, ils sont placés sur deux rangs à quatre pas de l'aile droite, leur 1er rang sur l'alignement du 2e rang de l'escadron. L'étendard se place au 1er rang, à la droite de l'officier du 2e peloton.

Après l'alignement, on met le sabre à la main.

Le commandant de l'escadron se place face en tête, à vingt pas en avant du centre de l'escadron. Aussitôt que la personne qui passe la revue s'approche le commandant de l'escadron, faisant face à l'escadron, commande : *Attention : — présentez le sabre !* la troupe présente l'arme, les officiers et l'étendard saluent.

Les trompettes, au premier temps du mouvement de présenter le sabre, sonnent une fois le 4e refrain de la marche de parade et commencent ensuite une marche de campagne.

Après son commandement pour faire présenter l'arme, le commandant de l'escadron se rend à l'aile droite de l'escadron à un pas à droite des trompettes, sur l'alignement du premier rang ; il doit être arrivé à cette place lorsque la personne qui passe la revue y arrive, afin de lui remettre le rapport.

Pendant que la personne qui inspecte passe devant le front, les hommes la regardent franchement et la suivent des yeux en tournant la tête ; le commandant de l'escadron l'accompagne en se tenant du côté extérieur. Aussitôt que la personne a passé devant le front, le commandant de l'escadron se rend à sa place devant le centre, faisant face à la troupe ; il commande *Attention !*

puis il fait porter le sabre *Attention! sabre à l'épaule!*

Lorsqu'après avoir fait présenter le sabre on a commandé : *Les yeux à gauche!* le commandant de l'escadron commande *Les yeux à droite!* avant de faire reporter le sabre à l'épaule. Lorsqu'on est au port d'armes, le commandant fait de nouveau face en tête; il se remet face à l'escadron dès qu'il a un commandement à faire, car on doit toujours faire les commandements face à la troupe.

§ 35.

Défiler.

L'avertissement du commandant de l'escadron pour défiler est : *Marche de parade!* Lorsque le 1er peloton doit se porter droit devant lui, au commandement : *Le 1er peloton en avant!* les trompettes se portent par une marche oblique à vingt-cinq pas en avant du centre de ce peloton; l'officier du 1er peloton se porte à deux pas en avant du centre de ce peloton.

Le commandant commande alors : *Par pelotons à droite conversion! — marche!* et après la conversion : *Halte! les yeux à droite!*

Pendant la conversion et pendant le défiler, l'étendard reste à la place qui lui est assignée, § 34.

Le sous-officier serre-file placé derrière l'aile auche de chaque peloton se place, pendant la conversion, à l'aile gauche de ce peloton; en même temps, les six autres sous-officiers serre-files se placent, trois derrière chaque peloton; un derrière la 2e file de droite, un derrière la 2e file de gauche, le 3e derrière le centre.

Les officiers serre-files et l'officier de l'aile gauche de

3

l'escadron se partagent, suivant leur nombre, derrière les deux pelotons, comme il est prescrit au § 23.

Les chefs de peloton se placent à 2 pas en avant du premier rang de leur peloton; les sous-officiers serre-files à 2 pas en arrière du deuxième rang; les officiers serre-files, à 2 pas en arrière des sous-officiers serre-files.

Après avoir commandé : *En avant — marche!* le commandant se porte à 12 pas en avant du centre du 1er peloton.

Les sous-officiers des ailes droites des pelotons marchent exactement sur la ligne tracée par des adjudants; le porte-étendard se place derrière le sous-officier de l'aile lorsqu'il arrive contre un des adjudants, et après l'avoir dépassé il reprend sa place.

La distance entre les pelotons se compose d'autant de pas qu'il y a de files dans un peloton; cette distance se mesure du premier rang d'un peloton au deuxième rang du peloton précédent.

Les trompettes, en se mettant en marche, commencent une marche; ils se retirent en obliquant à gauche de manière à ne pas empêcher les ailes gauches des pelotons de défiler et se placent, par une conversion, en face de la personne devant laquelle on défile. Lorsque le 2e peloton a défilé, ils exécutent une conversion à gauche et se placent derrière l'escadron en obliquant à droite; ils cessent de sonner dès qu'ils ont dépassé la personne.

Le commandant de l'escadron salue en s'approchant de la personne devant laquelle on défile; il défile avec la pointe de l'épée (ou sabre) baissée, se rend ensuite, en parcourant un arc de cercle à droite à proximité de cette personne et reste, la pointe du sabre baissée, jusqu'à ce que le défiler soit terminé.

Les sous-officiers des ailes et les hommes du deuxième rang des ailes droites conservent la tête directe jusqu'à ce qu'ils se trouvent à quelques pas de la personne devant laquelle on défile ; alors tous les officiers et hommes de troupe regardent franchement la personne devant laquelle on défile, en tournant la tête de son côté.

Après le défiler, le commandant de l'escadron commande : *Escadron — halte!* Dans le cas où l'on doit recommencer le défiler par pelotons, ou lorsqu'on veut reprendre les distances pour se remettre en bataille par une conversion, il fait l'avertissement : *Trompettes devant la tête!* Le 1er peloton s'arrête alors au commandement de son chef, le 2e serre à sa distance ; les trompettes obliquent à gauche, passent à côté du dernier peloton et se portent devant le centre du 1er peloton.

§ 36.

Grande parade d'un ou de plusieurs régiments de pied ferme.

A. *En ligne.*

La parade s'exécute comme il est prescrit pour l'escadron.

Les troupes sont formées comme il est prescrit au § 28.

Lorsqu'il y a plusieurs régiments à la parade, l'intervalle entre les régiments est de 12 pas comptés de l'aile gauche d'un régiment au trompette d'état-major de l'autre régiment.

Le commandeur du régiment se place devant le centre

et se conforme à ce qui est prescrit § 34 pour le commandant de l'escadron.

Lorsqu'il y a plusieurs régiments, on présente les armes et l'on salue par régiment.

B. *En colonne.*

Pour une parade de plusieurs régiments, on se forme aussi en colonne. L'espace disponible détermine si l'on doit se former en colonne par escadrons ou en colonne par pelotons. Dans les deux cas, les troupes sont formées la droite en tête, comme il est prescrit § 26 et § 32.

Les officiers serre-files de la dernière fraction de troupe ne se portent pas sur la ligne des sous-officiers serre-files. Les trompettes s'alignent sur lé deuxième rang du peloton de tête. L'étendard se place à la droite de l'officier de l'aile du 3e escadron.

L'intervalle entre les régiments est de 12 pas. Le commandant supérieur des troupes fait les commandements pour présenter les armes et pour saluer; les commandeurs des régiments répètent seulement : *Attention !* mais non le commandement pour présenter les armes.

§ 37.

Défiler.

A. *Par pelotons.*

Le défiler s'exécute comme il est prescrit § 35 pour l'escadron.

Le commandeur du régiment fait les commandements nécessaires. A l'avertissement : *Premier peloton en avant !*

outre les trompettes et l'officier de l'aile, l'officier d'état-major du régiment et l'adjudant se portent aussi devant le peloton.

Après la conversion, le commandeur commande : *Les yeux à droite!* et, pour porter la colonne en avant : *En avant — marche!* Puis il se porte devant le centre du 1er peloton, derrière les trompettes qui marchent sur deux rangs (le trompette d'état-major à la droite).

L'officier d'état-major marche à 2 pas en arrière du commandeur du régiment (1), l'adjudant avec l'épée à la main, à 2 pas en arrière et à gauche de ce dernier.

L'étendard marche à l'aile droite du 1er peloton du 3e escadron, à la droite du sous-officier de l'aile.

Les trompettes se conforment exactement à ce qui est prescrit au § 35 pour l'escadron. Ils cessent de sonner lorsque le régiment a défilé, s'il est seul, ou après le défiler des autres troupes s'il y en a d'autres suivant le régiment. Le commandeur du régiment et les officiers d'état-major présents saluent seuls en défilant (2).

Le commandeur du régiment se conforme à ce qui est prescrit § 35 pour le commandant d'escadron.

L'adjudant du régiment ne se retire pas à droite avec le commandeur.

B. Par escadrons.

Lorsqu'on doit exécuter un second défiler par escadrons, le commandeur du régiment fait exécuter un *à*

---

(1) Un rittmeister agrégé, qui est le plus ancien de cette charge au régiment marche, derrière l'officier d'état-major, à la droite de l'adjudant.

(2) Un officier d'état major qui commande un escadron ne salue pas.

gauche aux 2es pelotons, puis *front* et les aligne sur les premiers pelotons. Il fait alors l'avertissement : *Marche de parade !* et commande : *En avant — marche !* Les commandants d'escadron marchent à 4 pas en avant du centre de leur escadron; ils sont également, dans ce cas, remplacés aux ailes droites par les sous-officiers serre-files des 1ers pelotons; les ailes gauches des escadrons sont occupées par les sous-officiers serre-files. Les escadrons prennent entre eux, en défilant, les distances de peloton prescrites au § 35.

Lorsque plusieurs régiments défilent, ils se suivent à 80 pas de distance, mesurés du deuxième rang du dernier peloton d'un régiment au premier rang des trompettes du régiment qui suit.

APPENDICE AU 4e ARTICLE.

ESCORTE DE L'ÉTENDARD.

§ 38.

Un escadron complet avec tous les officiers et sous-officiers nécessaires et le corps entier des trompettes doit aller chercher l'étendard; il est accompagné d'un officier d'état-major qui ne commande pas et marche avec l'épée au fourreau. Cet escadron se forme en bataille devant la maison où se trouve l'étendard; au commandement : *Sous-officiers de l'étendard marche !* le plus jeune officier, le porte-étendard et un deuxième sous-officier entrent dans la maison, l'officier en tête. Aussitôt que l'officier suivi du porte-étendard et du deuxième sous-officier sortent de la maison avec l'étendard, le commandant de l'escadron fait présenter les armes et les trompettes sonnent le 4° refrain de la marche de parade. L'étendard est apporté devant l'aile droite du 1er peloton ; l'officier se place à sa gauche et un deuxième officier (l'avant-dernier par rang d'ancienneté) à sa droite. Le 2° sous-officier se rend à sa place en passant par l'aile droite de l'escadron.

Lorsqu'on rompt après avoir porté l'arme, l'étendard se rend derrière les trompettes avec les deux officiers qui l'accompagnent; l'escadron le suit. Pendant la rupture, le commandant de l'escadron se porte en avant de l'étendard.

On reconduit l'étendard de la même manière. Lorsque l'escadron est formé en bataille devant la maison, le commandant de l'escadron fait présenter les armes ; les trompettes sonnent.

L'officier qui accompagne l'étendard et l'étendard ne saluent pas ; le premier, pendant qu'on présente les armes, commande : *En avant,* — *marche!* dès que le sous-officier est arrivé derrière l'étendard; l'étendard est reporté dans la maison.

Lorsque l'étendard est rentré dans la maison, on fait signe aux trompettes de cesser de sonner, on porte l'arme et on rompt, sans attendre le retour de ceux qui accompagnent l'étendard.

DEUXIÈME PARTIE.

DEUXIÈME PARTIE.

ARTICLE PREMIER.

INSTRUCTION INDIVIDUELLE DE L'HOMME A CHEVAL.

INTRODUCTION.

La progression de l'instruction individuelle de l'homme à cheval se trouve dans l'instruction à cheval. On s'y reportera pour tout ce qui est relatif à l'instruction du cavalier; dans ce qui suit, on suppose que l'homme a déjà atteint le degré d'instruction nécessaire pour exécuter les mouvements prescrits.

CHAPITRE I.

MANIEMENT DU SABRE ET DE LA LANCE.

§ 1.

Mettre le sabre à la main.

Le mouvement s'exécute en deux temps, au commandement : *Sabre à la main!*

1er temps : saisir la poignée du sabre à pleine main avec la main droite, en la passant par-dessus le bras gauche; tirer vivement la lame hors du fourreau et prendre la position indiquée dans la première partie, § 7. a.

2° temps : placer la poignée du sabre sur la cuisse, à deux mains de l'articulation pour le sabre, à trois mains pour l'épée et placer les deux derniers doigts en arrière de la poignée le dos de la lame appuyé à l'épaule.

§ 2.

Remettre le sabre.

Le mouvement s'exécute en deux temps au commandement : *Remettez — sabre.*

1ᵉʳ temps : revenir à la position du 1ᵉʳ temps pour mettre le sabre à la main; les deux derniers doigts se replacent à la poignée.

2ᵉ temps : élever la main droite verticalement et passer rapidement la lame par-dessus l'épaule gauche, chercher l'ouverture du fourreau avec la pointe, en appuyant la lame à l'avant-bras gauche. Dès que la lame est entrée dans le fourreau d'une largeur de main, abandonner la poignée de la main droite, qu'on reporte derrière la cuisse droite.

§ 3.

Porter la lance.

Au commandement : *Immobile!* saisir avec la main droite qui tombe en arrière de la cuisse, la lance suspendue au bras droit par la courroie, les doigts en dehors, le pouce en dedans.

Au commandement : *Portez la lance!* porter la lance

en avant par un léger coup de l'épaule droite. Saisir la lance avec la main droite, le poignet légèrement arrondi et à hauteur du poignet gauche, le pouce dirigé vers le haut ; saisir en même temps la partie intérieure de la courroie qui pend le long de la lance, la partie extérieure tombant par-dessus la main. La lance verticale dans la botte.

Les officiers et les sous-officiers qui n'ont pas de lance mettent le sabre à la main au commandement pour porter la lance.

<h2 style="text-align:center">§ 4.</h2>

Reposer la lance.

Au commandement : *Reposez la lance*, passer la main droite dans la courroie et laisser pendre la lance au bras droit comme elle était au commandement : *Immobile!*

Au commandement : *Reposez-vous!* la main droite peut abandonner la lance.

<h2 style="text-align:center">§ 5.</h2>

Lance au côté gauche (ou droit).

Pour mettre le sabre à la main lorsqu'on a la lance, on doit auparavant passer la lance au côté gauche. Au commandement : *Lance au côté gauche!* saisir la lance, la sortir de la botte, la passer par-dessus l'encolure du cheval entre le bras gauche et le corps et la placer dans la botte fixée à l'étrier gauche, la lance appuyée à l'épaule gauche.

A l'aide de la main droite, qui à cet effet saisit les rênes, passer le bras gauche dans la courroie et laisser tomber la lance en arrière; saisir de nouveau les rênes avec la main gauche et replacer la main droite sur le côté.

On reporte la lance à droite par les moyens inverses, au commandement: *Lance au côté droit!*

Le maniement de la lance à cheval en marche, pendant le repos, avant de mettre pied à terre ou de monter à cheval et après est indiqué dans l'instruction à cheval.

ARTICLE DEUXIÈME.

LA TROUPE ET L'ESCADRON A CHEVAL.

CHAPITRE II.

INSTRUCTION DE LA TROUPE.

§ 6.

De la troupe.

L'homme ayant terminé son instruction individuelle, on le réunit à plusieurs autres formant une troupe composée de rangs et de files, pour le préparer à l'escadron. Il ne faut pourtant pas considérer l'instruction du cavalier isolé comme terminée; on doit, au contraire, lui donner autant que possible, chaque jour, l'occasion de se perfectionner dans la conduite du cheval et dans le maniement de l'arme blanche.

Les principes et les commandements pour la troupe sont les mêmes que ceux qui sont prescrits pour l'escadron dans le chapitre suivant; on se reportera donc exclusivement à ce chapitre.

Comme préparation à tous les mouvements en troupe, il faut d'abord fortifier les hommes dans les principes prescrits au § 12. VIII, sur la vitesse des allures.

L'exercice à rangs ouverts décrit dans l'instruction à cheval peut être exécuté sur deux rangs à une distance de une ou deux longueurs de cheval et est particulière-ment bon pour y arriver. De longues reprises de galop dans cette formation donnent les bases les plus sûres pour arriver à un galop en ligne calme et franc.

CHAPITRE III.

PRINCIPES PRÉLIMINAIRES.

§ 7.

Pour donner un coup d'œil plus rapide et pour éviter les répétitions, on donne ici les principes gé-néraux suivants :

I. Sur la direction.

Les principes sur la direction sont les suivants :

A. — La direction (le guide) est au centre toutes les fois qu'il n'est pas fait spécialement exception à cette règle.

B. — La colonne par le flanc (formée par un à droite ou un à gauche par 3) et la colonne par deux ont la direction du côté du front, à gauche pour la colonne qui a la droite en tête et à droite pour la colonne qui a la gauche en tête.

C. — Dans les mouvements exécutés au moyen d'une

marche oblique, la direction se trouve d'elle-même du côté vers lequel on oblique et, au commandement : *En avant!* elle revient au centre, ou du côté du front pour les colonnes, comme il est indiqué en *b*.

D. — Dans toutes les conversions, la direction se prend sur l'aile extérieure ou aile marchante ; après la conversion, elle revient d'elle-même au centre ou, suivant le cas, comme il est prescrit en **B.**

E. — Si des cas particuliers rendent nécessaire que la direction soit prise sur une aile, le commandement est le suivant : pour une troupe de pied ferme : *Les yeux à droite* (ou *gauche*), auquel on ajoute, s'il est nécessaire le commandement : *Alignez-vous !* pour une troupe en mouvement, on commande : *Les yeux à droite !* (ou *gauche*). Après le commandement qui vient ensuite ou à la sonnerie, la direction se prend de nouveau au centre.

II. Sur le tact des étriers.

Le tact des étriers se prend, en principe, du côté de la direction, sauf pendant les conversions, où il se prend sur l'aile du côté du pivot appelée aile intérieure.

III. Sur le pivot fixe.

Les mouvements suivants doivent être exécutés par des conversions à pivot fixe :

A. — Toutes les conversions par trois, de pied ferme et en marche.

B. — Les conversions de la ligne de pied ferme.

C. — Les conversions par peloton pour rompre et pour se reformer, ainsi que les demi-tours par peloton, de pied ferme et en marche.

IV. Sur le pivot mouvant.

Les mouvements suivants doivent être exécutés par des conversions à pivot mouvant :

A. — Les conversions de la ligne en marche.

B. — Les conversions successives en colonne.

V. Sur les allures dans les ruptures.

De pied ferme les ruptures sont exécutées au trot; en marche, elles sont exécutées en doublant l'allure.

VI. Sur les allures dans les formations.

A. — Les formations simultanées de pied ferme s'exécutent au trot; en marche, elles s'exécutent en doublant l'allure.

B. — Les formations successives sont exécutées au trot lorsqu'on marche au pas, à la même allure lorsqu'on marche au trot ou au galop.

VII. Sur les allures dans les conversions et les mouvements par trois.

A. — Tous les mouvements par trois, de pied ferme ou en marche, sont exécutés au pas.

B. — Les conversions de la ligne, de pied ferme, sont généralement exécutées, au trot et à la même allure lorsqu'on est en marche.

C. — Les conversions pour passer de la formation en bataille à la formation en colonne et réciproquement, ainsi que les demi-tours, s'exécutent au trot lorsqu'on est de pied ferme ou au pas et à la même allure lorsqu'on est au trot ou au galop.

VIII. Sur la vitesse des allures.

D'après la règle, la vitesse des allures doit être réglée de telle sorte que dans une minute on parcoure :

A. — au pas, une distance de 125 pas ;
B. — au trot, — — 300 — ;
C. — au galop, — — 500 — .

IX. Sur le commandement d'avertissement.

Le commandement d'avertissement : *Escadron!* sera fait avant tous les commandements d'exécution, excepté avant les commandements suivants :

Aux chevaux !

Immobile !

Reposez-vous !

Pour mettre pied à terre ou monter à cheval ;

De l'alignement : *halte !* de l'alignement en arrière, du changement de direction ;

du maniement de la lance ;

Halte ! et *en avant !* après les mouvements par trois ;

Halte ! après l'appuyer ;

Halte ! et *en avant !* après les conversions ;

Marche ! marche ! et *halte !* dans l'attaque ;

En fourrageurs. — Marche! marche! et *Rangez-vous !* après l'attaque ;

De l'exercice des armes ;

Pour rendre les honneurs ; pour la conversion et la mise en mouvement dans le défiler de la parade ;

D'indication de l'allure, lorsque celle-ci est faite à la place du commandement : *Marche!* ou *En avant!*

Ceux qui ne concernent que des fractions de l'escadron (la tête de colonne, ou un peloton).

X. Sur le commandement d'exécution.

A. — Pour la marche en avant au pas, pour l'exécution d'un mouvement au pas en partant de pied ferme, ainsi que pour l'exécution d'un mouvement sans changer d'allure, le commandement d'exécution est : *Marche !*

Pour la marche en avant en ligne déployée, le commandement d'avertissement : *Escadron !* doit précéder le commandement : *En avant !*

B. — Pour la marche en avant, ou pour l'exécution d'un mouvement à une allure plus vive que le pas en partant de pied ferme, ou pour exécuter un mouvement à une allure plus vive ou moins vive que celle à laquelle on marche, les commandements d'exécution sont les suivants :

Au trot (1) !

Au pas !

Au galop ! — marche !

C. — Au commandement : *En avant !* après un mouvement par trois ou une conversion, on se porte en avant à l'allure à laquelle la conversion a été exécutée.

D. — Lorsqu'on se remet face en tête, au commandement : *Front !* ou à la sonnerie, le mouvement par trois ou la conversion nécessaire est exécutée à l'allure indiquée par les règles posées en VII, A et c.

XI. Sur les places du commandant de l'escadron et des chefs de peloton.

A. — D'après la règle, dans l'escadron en bataille, le commandant se place à 30 pas en avant du centre ; lorsqu'on est en colonne, à 30 pas du flanc de la colonne, à hauteur du milieu, du côté de la direction.

(1) L'indication *au trot !* ou *au pas !* forme commandement d'exécution ; l'indication *au galop !* est seule suivie du commandement : *Marche !*

Lorsque l'escadron est arrêté, il se tourne face à la troupe pour faire ses commandements.

B. — Dans l'escadron en bataille et pour défiler, les chefs de peloton se placent à 2 pas en avant du centre de leur peloton; dans la colonne par pelotons, à 1 pas en avant du centre; en colonne par le flanc, par trois ou par deux, à hauteur de la tête de leur peloton, du côté de la direction.

CHAPITRE IV.

FORMATION, DIVISION ET ALIGNEMENT DE L'ESCADRON.

§ 8.

Formation.

Lorsqu'un escadron doit se former, le chef du 3° peloton place son cheval perpendiculairement à la base d'alignement qui doit être prise, face du côté du front. Les chefs des 2° et 4° pelotons s'alignent sur le chef du 3° peloton, se plaçant à un intervalle de celui-ci égal au front d'un peloton, c'est-à-dire autant de pas que le peloton compte de files, y compris les sous-officiers des ailes. Le chef du 1er peloton prend son intervalle à partir du chef du 2° peloton, et s'aligne sur les autres chefs de peloton. Le premier rang s'établit sur une ligne parallèle à celle des chefs de peloton, face du même côté, le centre de chaque peloton vis-à-vis et à 2 pas derrière son chef. Les cavaliers, dans le rang, sont étrier à étrier (botte à botte).

Le deuxième rang s'établit derrière le premier et parallèlement, chaque cavalier placé exactement derrière son chef file se couvrant mutuellement. On prend les chefs de file à partir de l'aile droite. Les distances sont mesurées de la queue du cheval du premier rang à la tête du cheval placé derrière. Les hommes sont placés, autant que possible, de la droite à la gauche par rang de taille à cheval. Les rangs conservent dans tous les cas leur dénomination de premier et de deuxième rang.

§ 9.

Division en pelotons, par trois et pour mettre pied à terre.

L'escadron est divisé en quatre fractions, autant que possible égales, nommées pelotons. Ceux-ci reçoivent de la droite à la gauche les dénominations définitives de 1er, 2e, 3e et 4e pelotons.

Chaque peloton est conduit par un chef de peloton qui marche à sa tête.

Un homme du premier rang et celui qui est placé derrière lui au deuxième rang constituent une file; si l'homme du deuxième rang manque, on dit que la file est creuse.

Les pelotons d'un escadron doivent toujours comprendre le même nombre de files; à cet effet, on peut laisser aux ailes de chaque peloton une ou deux files creuses, dans l'ordre suivant : aile gauche du deuxième, aile droite du deuxième, aile gauche du troisième, aile droite du troisième, aile gauche du premier, aile droite du quatrième, aile droite du premier, aile gauche du quatrième.

Aucun peloton ne doit être plus faible que neuf files;

d'après cela, on diminue le nombre des pelotons suivant les circonstances.

Les pelotons sont subdivisés en fractions de trois files, appelées escouades, qui ont les dénominations de 1re, 2e, etc., escouade, suivant leur rang de la droite à la gauche ; de même, dans chaque escouade les hommes sont numérotés de 1 à 3 dans chaque rang. Les sous-officiers des ailes ne comptent pas ordinairement dans les escouades ; pourtant, lorsque le nombre de files du peloton n'est pas divisible par trois, ils sont compris dans les escouades. Il s'en suit que dans un peloton de 10, 13 ou 16 files, les deux sous-officiers des ailes comptent dans les escouades ; dans un peloton de 11, 14 ou 17 files, il n'y a que le sous-officier de l'aile droite.

Pour monter à cheval et mettre pied à terre, la troupe est subdivisée, dans chaque peloton, en fractions de deux files, de la droite à la gauche, non compris les deux sous-officiers des ailes. Les hommes, suivant le numéro qu'ils ont dans ce fractionnement, sont appelés n° 1 n° ou 2 pour mettre pied à terre. L'homme du deuxième rang a toujours le même numéro que son chef de file, quand bien même il se trouverait une file creuse à l'aile droite du peloton.

§ 10.

Places des officiers, sous-officiers et trompettes.

Les officiers et sous-officiers sont placés de la manière suivante :

Le commandant de l'escadron à 30 pas en avant du centre ; il a un trompette à sa gauche à une longueur de cheval en arrière ;

le 1er officier, à 2 pas en avant du 3e peloton ;

le 2e   —   —   —   4e   —   ;

le 3e   —   derrière le centre de l'escadron, à 1 pas en arrière des sous-officiers serre-files ;

le 4e officier, à 2 pas en avant du 1er peloton ;

le 5e   —   ou à défaut le porte-épée faehnrich ou un sous-officier désigné en avant du 2e peloton.

Lorsqu'il y a plus de cinq officiers présents, le plus ancien commande le 3e peloton ; le suivant le 4e peloton ; l'avant-dernier le 1er peloton et le plus jeune le 2e peloton. Tous les autres officiers sont en serre-files ; s'il y en a un, derrière le centre ; deux, le plus ancien derrière le sous-officier de l'aile droite du 2e peloton, le plus jeune derrière le sous-officier de l'aile droite du 4e peloton ; trois officiers serre-files, par rang d'ancienneté à partir de la droite, derrière les sous-officiers des ailes droites des 2e, 3e et 4e pelotons ; quatre officiers serre-files, un derrière le centre de chaque peloton. Lorsqu'il n'y a pas le nombre d'officiers nécessaire pour commander les quatre pelotons, on doit mettre de préférence des officiers pour commander les pelotons des ailes. Le commandant de l'escadron peut s'écarter de ces prescriptions sur les places des officiers.

A l'aile droite et à l'aile gauche de chaque peloton se trouvent des sous-officiers qui ne comptent pas dans le rang et sont appelés sous-officiers des ailes.

Les autres sous-officiers sont placés à 1 pas derrière le deuxième rang et sont appelés sous-officiers serre-files. Le wachtmeister, derrière la 2e file de gauche de l'escadron ; les autres sous-officiers sont également répartis derrière les pelotons à partir de la droite.

Lorsqu'il y a un seul sous-officier serre-file derrière

un peloton, il se place derrière la 2ᵉ file de droite; s'il y en a deux, ils se placent derrière la 2ᵉ file de droite et la 2ᵉ file de gauche du peloton. S'il n'y a pas à l'escadron quatre sous-officiers à placer en serre-files, ils sont remplacés par des brigadiers de manière qu'en tout temps il y ait un serre-file derrière chaque peloton, non compris le wachtmeister. Suivant qu'ils sont placés derrière la droite ou derrière la gauche du peloton, les serre-files sont appelés 1ᵉʳ ou 2ᵉ serre-file.

Les trompettes, sur un rang à 2 pas de l'aile droite, sur l'alignement du deuxième rang. S'il y a plus de trois trompettes à l'escadron, ils sont placés sur deux rangs, leur premier rang aligné sur le deuxième rang de l'escadron.

§ 11.

Mettre pied à terre et monter à cheval.

Pour faire mettre pied à terre, le commandant de l'escadron commande : *Préparez-vous pour mettre pied à terre ! pied à terre!*

Au premier commandement, les chefs de peloton, les sous-officiers des ailes, les nᵒˢ 1 et 2 du dernier rang, ainsi que les nᵒˢ 1 du deuxième rang se portent en avant : les chefs de peloton, les sous-officiers des ailes gauches et les nᵒˢ 1 du premier rang, à 2 longueurs de cheval en avant; les sous-officiers des ailes droites, les nᵒˢ 2 du premier rang et les nᵒˢ 1 et 2 du deuxième rang à 1 longueur de cheval en avant. Les sous-officiers serre-files, ainsi que les nᵒˢ 2 du deuxième rang ne bougent pas; les chefs de peloton font face à la troupe par un demi-tour à droite. Les trompettes, qui sont aussi comptés par deux pour mettre pied à terre, se conforment à ce qui est prescrit aux hommes du deuxième rang, ou s'ils sont sur deux rangs, à ce qui est prescrit aux deux rangs de l'escadron.

L'escadron se trouvant ainsi formé sur quatre rangs alignés entre eux (à l'exception des chefs de peloton et des officiers et sous-officiers serre-files), les cavaliers, à 1 pas d'intervalle, ayant exécuté ce qui est prescrit à l'instruction à cheval au commandement préparatoire, le commandant commande : *Pied à terre !* ce qui s'exécute comme il est prescrit à l'instruction à cheval. Les officiers et sous-officiers chefs de peloton restent à cheval.

Au commandement : *Alignez-vous !* les sous-officiers des ailes droites et les n°s 2 des deux rangs se portent ensemble en avant et rentrent dans les rangs formés par les n°s 1. L'escadron se trouve alors formé sur 2 rangs à 4 pas de distance. Si le commandant commande : *Repos !* les officiers sont libres de mettre pied à terre ; les sous-officiers chefs de peloton mettent toujours pied à terre à ce commandement.

Les uhlans, après avoir mis pied à terre, fichent la lance en terre devant eux de la manière suivante : au commandement : *Pour ficher la lance !* du commandant, chaque uhlan quitte la tête de son cheval et se porte à 1 pas en avant, fait un à droite, saisit la lance des deux mains et s'aligne sur l'homme de l'aile droite. Au commandement : *Fichez la lance !* chaque uhlan fiche solidement sa lance verticalement en terre et se retire à sa place à la tête de son cheval.

Pour faire de nouveau monter à cheval, le commandant commande d'abord : *Aux chevaux !* les officiers et les sous-officiers chefs de peloton montent alors à cheval, les chefs de peloton face à la troupe ; les hommes se portent à la tête de leurs chevaux. Les uhlans reprennent la lance avant de se porter à leurs chevaux. Le commandant commande ensuite : *Préparez-vous pour monter à cheval !* les sous-officiers des ailes gauches et les n°s 1 des deux rangs se portent en avant d'une longueur de cheval ; l'escadron est de nouveau formé sur quatre rangs ouverts. Lorsque les hommes sont prêts pour monter à cheval, le commandant de l'escadron commande : *A cheval !* puis : *Alignez-vous !* A ce dernier commandement, le premier des quatre rangs ne bouge pas ; les autres hommes se portent ensemble en avant, reforment l'escadron sur deux rangs, comme il était avant de mettre pied à terre et s'alignent correctement. Les chefs de peloton se replacent face en tête par un demi-tour à droite.

§ 12.

Alignement.

L'alignement résulte de la formation et de l'alignement des chefs de peloton et de l'observation des distances prescrites entre le premier rang et les chefs de peloton et entre les deux rangs.

Les chefs de peloton s'alignent entre eux, lorsque le chef du 3e peloton a placé son cheval exactement perpendiculaire au front qui a été désigné ; les autres chefs de peloton se placent ensuite alignés sur celui du 3e peloton, ayant soin d'observer leurs intervalles.

Lorsque l'alignement doit se prendre sur une aile, le commandant de l'escadron fait son commandement et aligne les chefs de peloton, les deux rangs et les sous-officiers serre-files, en se plaçant soit à l'aile désignée, soit à l'aile opposée.

Pour le repos, on commande : *Reposez-vous !* Pour reprendre la manœuvre on commande : *Immobile!* D'après la règle, ce dernier commandement doit être suivi du commandement de l'alignement.

Comme dans ce règlement on a déjà renvoyé, dans certains cas, à l'instruction à cheval, il est prescrit que toute troupe ayant à sa tête un chef de peloton doit se conformer, pour l'alignement, aux principes du règlement d'exercice; toute fraction de troupe non pourvue d'un chef de peloton doit se conformer aux principes donnés dans l'instruction à cheval.

§ 13.

Alignement sur une ligne déterminée et alignement en arrière.

Pour s'aligner sur une ligne déterminée, le commandant commande : *Halte! les yeux à droite. (à gauche.)* à hauteur du deuxième rang de la troupe sur laquelle on s'aligne ; à ce commandement, les chefs de peloton continuent de marcher à la même allure, se portent sur la ligne et s'alignent. Le commandant commande alors : *Alignez-vous* (1)! L'escadron se porte en avant au pas jusqu'à 2 pas des chefs de peloton et s'aligne.

Le commandant se porte à l'aile opposée à celle du côté de l'alignement.

____

(1) L'intonation du commandement pour aligner est différente suivant qu'on doit seulement rectifier l'alignement ou suivant qu'on doit s'avancer. Dans le premier cas, on ne met pas d'intervalle entre les deux mots *richt Euch !* dans le deuxième cas, on met un intervalle entre les deux parties du commandement : *Richt — Euch!*

L'alignement en arrière ne doit être exécuté que pour se porter à une courte distance ; au commandement : *Escadron, — en arrière alignez-vous, — marche !* tous les hommes reculent ensemble bien droit, comme il est prescrit à l'instruction à cheval, jusqu'au commandement : *Halte !*

CHAPITRE V.

MANIEMENT DU SABRE ET DE LA LANCE.

§ 14.

Maniement d'armes et salut du sabre.

Le maniement d'armes est exécuté par l'escadron comme il est prescrit pour un seul homme aux §§ de 1 à 5 et aux mêmes commandements ; les hommes se règlent les uns sur les autres.

Au commandement : *Attention !* et sur un signe du commandant de l'escadron, les officiers saluent en deux temps.

1er temps : porter le sabre devant le milieu du corps, comme à pied, au § 14 de la première partie.

2e temps : baisser le sabre, la main droite en arrière de la cuisse, la lame descendant en arrière du talon, le tranchant tourné vers le cheval. Au commandement : *Attention !* pour reporter le sabre, se mettre au port du sabre en deux temps.

Au commandement pour mettre le sabre à la main, les trompettes passent la banderole par dessus le bras et posent le pavillon sur la cuisse ; au commandement pour remettre le sabre, les trompettes suspendent de nouveau leur instrument derrière le dos.

CHAPITRE VI.

MOUVEMENTS DE L'ESCADRON.

§ 15.

Marche de front.

La marche de front est un mouvement en avant de la ligne déployée.

Le commandement pour se porter en avant est : *Escadron en avant — marche !* L'escadron se porte en avant au pas.

Lorsqu'on doit partir de pied ferme au trot ou au galop, le commandant commande : *Escadron, — au trot !* ou *Escadron — au galop ! — marche !* Au galop, la distance entre les deux rangs, ainsi que la distance des sous-officiers serre-files au deuxième rang, est portée de 1 à 2 pas, afin d'éviter les atteintes.

Lorsqu'on est en marche, pour augmenter l'allure, on emploie le même commandement que pour partir de pied ferme à cette allure. On peut employer les sonneries à la place des commandements.

Le chef du 3ᵉ peloton, à moins qu'il n'ait été fait spécialement d'autres prescriptions, détermine l'alignement et la direction de l'escadron ; à cet effet, il doit se fixer la ligne à parcourir par des points placés en avant de lui. Il marche sur cette ligne ayant soin de conserver régulièrement l'allure commandée. Les autres chefs de peloton conservent leur intervalle et marchent parallèlement au chef du 3ᵉ peloton, en s'alignant sur lui. Ils ne doivent pourtant pas le regarder constamment pour conserver leur alignement. L'alignement sera obtenu et les intervalles seront conservés du moment que chaque chef de peloton marchera droit devant lui, conservant la régularité de l'allure et une bonne direction, sans fluctuation.

Le centre de chaque peloton suit son chef à 2 pas de distance. Chaque homme doit sentir l'étrier du côté du centre du peloton; par ce contact et par la régularité de l'allure, l'alignement est maintenu.

On doit céder à la pression qui vient du centre du peloton et résister à celle qui vient du côté opposé. Lorsque l'on ne sent plus l'étrier, on doit se rapprocher seulement peu à peu, autrement il en résulterait une fluctuation dans la marche. Il en est de même si l'alignement a été perdu par le défaut de régularité de l'allure des chefs de peloton, ou par l'inobservation des distances entre les pelotons et leurs chefs.

Lorsque la direction doit être prise sur un autre peloton que le 3ᵉ, le commandant de l'escadron fait l'avertissement : (*Tel*) *peloton de direction!* le chef du peloton désigné se conforme alors à ce qui est prescrit plus haut pour le chef du 3ᵉ peloton.

§ 16.

Marche oblique.

Lorsque l'escadron doit gagner un peu de terrain en même temps en avant et sur le côté, on emploie la marche oblique. La direction de cette marche forme un angle de 45° avec le front.

Au commandement : *Escadron — oblique à droite (gauche), — marche!* chaque homme exécute un demi à droite (ou à gauche) en avançant, de manière que son genou soit placé en arrière du genou de son voisin.

La direction et le tact de l'étrier sont toujours du côté vers lequel on oblique.

Pour reporter l'escadron en avant, le commandant commande : *Escadron — en avant !* Chaque homme exécute un demi à gauche (ou à droite), et reprend la marche directe en sentant l'étrier du côté prescrit.

§ 17.

Appuyer.

L'escadron appuie comme il est prescrit pour un seu. cavalier à l'instruction à cheval, mais ce mouvement ne doit être employé que pour gagner peu de terrain. Les commandements sont les suivants : *Escadron, — appuyez à droite (gauche) — marche !* et *halte !* pour terminer.

§ 18.

Mouvements par trois.

Les mouvements par trois ont principalement pour but d'exécuter, en exigeant le moins d'espace possible, un changement de la base de formation ou un petit mouvement de flanc ou en arrière ; ils servent aussi particulièrement lorsque l'espace manque pour exécuter une autre évolution, pour passer de la formation en ligne à la formation de marche en colonne par trois.

Les mouvements par trois seront donc employés rarement, de préférence de pied ferme, exceptionnellement lorsqu'on est en mouvement. Pourtant ces mouvements, ainsi que le passage de la colonne par le flanc, la droite ou la gauche en tête, à la colonne par trois ou par deux et inversement offrent un excellent moyen d'éveiller l'attention de l'homme et d'obtenir la discipline dans les exercices.

On s'exerce particulièrement à ces mouvements en troupe ou en peloton.

On distingue les mouvements par trois en à droite, à gauche et demi-tour par trois. Ces conversions sont exécutées au pas, qu'on soit de pied ferme ou en marche, et de telle façon que chaque rang de trois d'une escouade converse pour son compte; l'homme qui est au pivot tourne sur place, les autres tournent autour du pivot. Après l'à droite ou l'à gauche par trois, les deux rangs dè chaque escouade se trouvent à côté l'un de l'autre; après le demi-tour par trois, ils se trouvent l'un derrière l'autre et les escouades sont inversées dans l'escadron. On règle l'allure et on s'aligne sur l'aile extérieure (aile marchante) et l'on sent l'étrier du côté intérieur (côté du pivot.)

Pour l'à droite ou l'à gauche par trois de pied ferme, le commandant commande : *Escadron — à droite (gauche) par trois — marche!* Dans l'à droite, les n°s 1 tournent sur place; les n°s 2 et 3 tournent autour des n°s 1, jusqu'à ce que la conversion soit terminée. Dans l'à gauche par trois, ce sont les n°s 3 qui tournent sur place, les n°s 2 et 1 tournent autour des n°s 1.

Les sous-officiers des ailes conversent avec le rang de trois voisin; lorsqu'ils ne comptent pas dans le rang, dans l'à droite, le sous-officier de l'aile droite se retire un peu en arrière pendant le mouvement; dans l'à gauche, c'est le sous-officier de l'aile gauche.

Les chefs de peloton se placent, pendant le mouvement, à hauteur de la tête de leur peloton, du côté intérieur (côté de la direction); les premiers sous-officiers serre-files, à l'aile droite du deuxième rang de la 1re escouade; les deuxièmes sous-officiers serre-files (s'il y en a deux) à hauteur de la dernière escouade, du côté extérieur. Le wachtmeister, comme un deuxième serre-file. Les officiers serre-files exécutent la conversion et restent à leur place, soit de pied ferme, soit en marchant. Les trompettes exécutent une conversion comme un rang de trois, et conservent la place qu'ils occupent, après le mouvement, par rapport à l'escadron.

Après la conversion à droite, l'escadron se trouve en colonne par le flanc la droite en tête; cette colonne prend la direction à gauche. Après la conversion à gauche, l'escadron est formé en colonne par le flanc la gauche en tête, avec la direction à droite.

Le commandant commande ensuite : *Halte!* et les hommes s'arrêtent en file, ou bien : *En avant!* et les hommes se mettent en marche dans la nouvelle direction; mais, dans ce dernier cas, ils ne restent plus en file : ils se placent vis-à-vis les intervalles entre les hommes du rang qui précède, et ils serrent de manière qu'il n'y ait pas de distance entre les rangs.

Dans la marche de flanc à droite, les hommes des escouades paires appuient à droite pour se placer vis-à-vis les intervalles; dans la marche de flanc à gauche, ce sont les escouades impaires qui appuient à gauche. Des escouades qui se composent de quatre files, y compris le sous-officier de l'aile, ont un pas de distance.

On peut aussi, au lieu de commander : *En avant!* commander une allure plus vive ou faire sonner cette allure.

Après un à droite ou un à gauche par trois, on se remet face en tête par une conversion par trois, au commandement : *Escadron — front!* ou à la sonnerie correspondante ; après cette conversion, le commandant peut commander : *Halte!* ou *En avant!* ou enfin faire prendre une allure plus vive, soit à son commandement, soit à la sonnerie. Les officiers, sous-officiers et trompettes reprennent leurs places en ligne.

Lorsqu'on est en marche, l'à droite ou l'à gauche par trois s'exécute de la même manière que de pied ferme et toujours au pas. Lorsque l'escadron marche au pas, le commandement est le même que lorsqu'il est de pied ferme. Lorsque l'escadron marche au trot ou au galop, le commandant commande : *Escadron — à droite (gauche) par trois — au pas!* la conversion s'exécute et, au commandement : *En avant!* on se porte en avant au pas.

Pour exécuter le demi-tour par trois étant de pied ferme, le commandant commande : *Escadron—demi-tour par trois — marche!* Les nos 1 de chaque escouade tournent sur place en se réglant sur l'aile marchante ; les nos 2 et 3 tournent à droite autour des nos 1 jusqu'à ce que le demi-tour soit exécuté. Le deuxième rang se trouve alors devant le premier et les escouades sont interverties dans l'escadron.

Les sous-officiers des ailes, même lorsqu'ils comptent dans une escouade, sortent du rang, au commandement pour converser et exécutent leur demi-tour individuellement ; les sous-officiers des ailes droites se placent alors derrière la deuxième file de l'escouade qui se trouvait primitivement à droite, les sous-officiers dés ailes gauches se portent à hauteur du rang qui est en tête, à la droite de ce rang (deuxième rang).

Les premiers sous-officiers serre-files se portent, pendant le demi-tour, à hauteur du rang qui est en tête (deuxième rang), à la gauche de ce rang. Les deuxièmes sous-officiers serre-files, ainsi que les officiers serre-files et les chefs de peloton exécutent le demi-tour pour leur compte et restent à leurs places, soit de pied ferme, soit en marche; les officiers serre-files, à 1 pas en avant de la ligne des sous-officiers et les chefs de peloton à 1 pas en arrière de la ligne des sous-officiers. Les trompettes exécutent la conversion comme un rang de trois et restent à leur place.

Le commandant de l'escadron reste derrière la ligne.

Après le demi-tour par trois, on peut faire les mêmes commandements ou les mêmes sonneries qu'après les autres mouvements par trois.

Pour se remettre face en tête, le commandant commande : *Escadron — front!* ou il fait faire la sonnerie correspondante. Le demi-tour s'exécute toujours à droite, les sous-officiers reprennent leurs places.

Lorsqu'on est en marche, le demi-tour par trois s'exécute comme de pied ferme. Pour le reste, ce qui est prescrit pour les à droite et les à gauche par trois s'applique également aux demi-tours.

Les mouvements après un demi-tour, un à droite ou un à gauche par trois, doivent se faire pour parcourir seulement une faible distance, ou dans les cas indiqués par le règlement; il faut employer exceptionnellement les formations en bataille du § 19, l'escadron étant en colonne par le flanc.

§ 19.

Marche en colonne par le flanc, la droite ou la gauche en tête. L'escadron étant en colonne par le flanc, le former ou former les pelotons.

A. *Changement de direction en colonne par le flanc.*

Le commandant de l'escadron commande : *Tête à droite. (gauche)* ou *demi à droite (demi à gauche) conversion — marche !* La tête de colonne tourne sans commandement des chefs de peloton ; dans un changement de direction à droite ou à gauche, elle fait un angle de 90°; dans un changement de direction demi à droite ou demi à gauche, elle fait un angle de 45° avec la direction primitive. L'aile extérieure (aile marchante) décrit son arc de cercle à la même allure, l'aile intérieure ralentit l'allure en décrivant un arc de cercle plus petit. Lorsque la tête de colonne a exécuté la conversion, le commandant commande : *En avant !* la tête de colonne se porte droit devant elle dans la nouvelle direction. Les autres escouades tournent successivement sur le même terrain que la première.

Lorsqu'on veut marcher dans une direction contraire à celle que suivait la colonne, sans faire deux changements de direction tête de colonne, le commandant de l'escadron commande : *Escadron, — demi-tour par trois, — marche !* ou, lorsque la colonne est au trot ou au galop : *Escadron, — demi-tour par trois, — au pas !* Le mouvement s'exécute comme il est prescrit au § 18, sauf que les sous-officiers des ailes font le mouvement comme il est prescrit pour l'à droite ou l'à gauche par trois.

B. *L'escadron étant en colonne par le flanc, le former.*

Pour former l'escadron dans la direction de la tête de la colonne, le commandant de l'escadron commande : *Escadron, — vers la gauche (droite) formez-vous ; — au trot !* (*au galop — marche !*)

L'escadron étant de pied ferme, au commandement : *au trot !* le premier rang de la 1re escouade se porte en avant au trot d'une longueur égale à son front, et s'arrête ; le deuxième rang de la 1re escouade se place derrière le premier rang ; toutes les autres escouades se portent au trot à hauteur de la première par un oblique individuel à gauche (ou à droite), se redressant ensuite par un demi à droite (ou à gauche) ; le deuxième rang de chaque escouade se place, pendant le mouvement, derrière le premier.

Lorsqu'on est en marche, la formation s'exécute comme de pied ferme ; pourtant la première escouade conserve l'allure à laquelle elle marchait ; toutes les autres escouades doublent l'allure. En principe, la formation ne s'exécute pas à une allure plus vive que le trot. Lorsque la colonne est au trot et qu'on veut se former à la même allure, le commandant commande : *Escadron, — vers la droite (ou gauche) formez-vous ; — marche !* L'escouade tête de colonne continue de marcher au trot d'une longueur égale à son front et passe au pas ; les autres escouades continuent de marcher au trot jusqu'à ce qu'elles soient en ligne, alors elles passent au pas.

C. *Étant en colonne par le flanc, former les pelotons.*

Pour former les pelotons, le commandant de l'escadron commande : *Escadron, — en pelotons vers la gauche*

(*droite*) *formez-vous; — au trot! (au galop) — marche!*
Le mouvement s'exécute suivant les principes prescrits
pour la formation de l'escadron.

Les chefs de peloton et les sous-officiers des ailes
prennent les places qui leur sont assignées dans l'escadron en ligne; les premiers sous-officiers serre-files se
placent à l'aile droite du deuxième rang de leur peloton;
les trompettes restent devant ou derrière le 1er peloton
(dans le premier cas, à deux pas en avant du chef du peloton); les deuxièmes sous-officiers serre-files se placent à
l'aile gauche du deuxième rang de leur peloton, et prennent pour chef de file le sous-officier de l'aile, même
lorsqu'il y a une file creuse; le wachtmeister, derrière
la 2e file de gauche du peloton. Les officiers serre-files
restent sur le flanc de la colonne, du côté extérieur.

En principe, cette formation n'est pas commandée à
une allure plus vive que le trot; ce qui a été dit pour la
formation de l'escadron s'applique à la formation des
pelotons.

§ 20.

**Étant en colonne par le flanc, rompre par trois; l'es-
cadron étant en colonne par trois, le former en colonne par le flanc, former l'escadron, former les
pelotons.**

A. *Étant en colonne par le flanc, rompre par trois.*

La colonne étant de pied ferme pour la rompre par trois,
le commandant de l'escadron commande : *Escadron, —
par trois, — au trot!* Le premier rang de l'escouade de
tête se porte en avant au trot; le deuxième rang de la
même escouade exécute un oblique individuel au trot

et se place derrière le premier rang, chaque homme vis-à-vis l'intervalle à droite de son chef de file lorsqu'on a la droite en tête, ou à gauche de son chef de file lorsqu'on a la gauche en tête ; les autres escouades exécutent successivement le même mouvement en partant de pied ferme au trot, aussitôt qu'elles ont l'espace nécessaire.

Lorsque la colonne est en marche, la tête double l'allure au commandement d'exécution ; la rupture s'exécute d'ailleurs comme de pied ferme.

En principe, la rupture ne s'exécute pas à une allure plus vive que le trot.

Lorsque la colonne est au trot, pour rompre à la même allure, le commandant commande : *Escadron, — par trois, — marche !* toutes les escouades excepté celle de la tête passent au pas, et ne reprennent le trot que lorsqu'elles ont l'espace nécessaire pour rompre.

Dans la colonne par trois la droite en tête, la direction et le tact de l'étrier sont à gauche ; les chefs de peloton marchent à la gauche de la colonne, à hauteur de la tête de leur peloton ; les sous-officiers des ailes droites conservent la place qu'ils auraient dans la colonne par le flanc, à côté de l'homme de droite du premier rang du peloton ; les sous-officiers des ailes gauches restent aussi à côté de l'homme de gauche du premier rang du peloton ; les premiers sous-officiers serre-files, à côté de l'homme de droite du deuxième rang du peloton ; les deuxièmes sous-officiers serre-files, y compris le wachtmeister, à la droite du deuxième rang de la dernière escouade de leur peloton ; les trompettes, à deux pas en avant de la tête de colonne. Les officiers serre-files restent du côté extérieur ; s'ils n'ont pas l'espace nécessaire, ils se placent à la queue de la colonne. Lorsqu'il y a une file creuse à la gauche d'un peloton et que la dernière escouade n'a que deux files, le n° 1 du deuxième rang reste néanmoins vis-à-vis l'intervalle à droite du n° 1 du premier rang.

Dans la colonne par trois la gauche en tête, la direction et le tact de l'étrier sont à gauche; les chefs de peloton conservent la place qu'ils occupaient en colonne par le flanc la gauche en tête, à côté de l'homme de droite du premier rang de l'escouade de tête de leur peloton; de même, les sous-officiers des ailes droites et des ailes gauches conservent leur place, à côté de l'homme de droite et de l'homme de gauche du premier rang du peloton; les premiers sous-officiers serre-files, à l'aile droite du deuxième rang de la 1re escouade de leur peloton; les deuxièmes sous-officiers serre-files à la place qu'ils occupaient dans la colonne par le flanc la gauche en tête, à côté de l'homme de gauche du deuxième rang de la dernière escouade; le wachtmeister, comme un deuxième serre-file; les trompettes, à 2 pas derrière la dernière escouade de l'escadron. Les officiers serre-files, du côté extérieur, ou à la queue de la colonne lorsqu'ils n'ont pas l'espace nécessaire.

Lorsqu'il y a une file creuse dans un peloton et que la dernière escouade n'a que deux files, le n° 1 du deuxième rang se place entre le n° 2 du premier rang et le sous-officier de l'aile gauche et il conserve cette place lorsqu'on se reforme par le flanc la gauche en tête. Lorsqu'on se remet en bataille, le n° 1 se retire de nouveau au deuxième rang.

B. *Changement de direction en colonne par trois.*

Le commandant de l'escadron commande : *Tête à droite* (ou *à gauche*), *conversion ;* — ou : *Tête demi à droite* (ou *à gauche*), *conversion,* — *marche !* L'escouade tête de colonne exécute sa conversion comme il est prescrit § 19. La conversion terminée le commandant commande *En avant !* Les autres escouades tournent successivement sur le même terrain que la première.

Lorsqu'on veut marcher dans une direction contraire à celle que suivait la colonne, sans faire deux changements de direction successifs, le commandant de l'escadron commande : *Escadron,* — *demi-tour à droite par trois files,* — *marche !* (ou *au pas*). Le premier rang de chaque escouade exécute son demi-tour à droite, comme il est prescrit au § 18 : pendant la conversion le 2° rang reste constamment derrière le premier rang, en se tenant en demi à gauche. La conversion terminée, le commandant commande : *Halte !* ou *En avant !* ou il fait prendre une allure plus vive au commandement ou à la sonnerie.

Ce demi-tour par trois files doit être exécuté au pas, comme les mouvements par trois, qu'on soit de pied ferme ou en marche.

C. *L'escadron étant en colonne par trois, le former en colonne par le flanc.*

Le commandant de l'escadron commande : *Marchez six au trot !* (ou *au galop,* — *marche !*) Lorsque la colonne est de pied ferme le premier rang de chaque escouade se porte en avant d'une longueur égale à son front ; le

deuxième rang se porte au trot en obliquant à droite
(ou à gauche) à hauteur du premier rang ; les escouades
étant formées serrent sur l'escouade de tête et se placent vis-à-vis les intervalles des escouades précédentes,
comme il est prescrit au § 18.

Lorsque la colonne est en marche, le premier rang
de chaque escouade continue de marcher à la même allure ; le deuxième rang de chaque escouade se porte à
côté du premier rang en obliquant et en doublant l'allure, comme l'indique le commandement. Les escouades
étant formées serrent sur l'escouade de tête à l'allure
indiquée dans le commandement, puis elles reprennent
l'allure de la tête de colonne en se plaçant vis-à-vis les
intervalles. En principe cette formation n'est pas exécutée à une allure plus vive que le trot ; alors, lorsque
la colonne est au trot, le commandant commande : *Escadron, — marchez six, — marche !*

Le premier rang de chaque escouade passe au pas, et
le reste du mouvement s'exécute comme il est dit plus
haut.

D. *Étant en colonne par trois former l'escadron.*

Le commandant de l'escadron commande : *Escadron,
— vers la gauche* (ou *droite*) *formez-vous, — au trot !* (ou
au galop) *— marche !*

Lorsque la colonne est de pied ferme, l'escouade de
tête se porte en avant d'une longueur égale à son front
et s'arrête ; les autres escouades exécutent un oblique
individuel au trot, marchent dans cette direction jusqu'à
ce qu'elles soient vis-à-vis de la place qu'elles doivent
occuper dans le rang, se redressent, se portent succes-

sivement sur la ligne et s'alignent. Toutes les escouades doivent se couvrir tant qu'elles sont en oblique.

Les officiers, sous-officiers et trompettes prennent, après la formation, les places qu'ils doivent occuper dans l'escadron en ligne.

Lorsqu'on est en marche, la formation s'exécute de la même manière; la première escouade conserve la même allure, les autres doublent l'allure comme l'indique le commandement jusqu'à ce qu'elles soient en ligne, alors elles reprennent leur première allure.

Lorsque, par exception, la formation doit avoir lieu à la même allure, l'escouade de tête s'arrête au commandement d'exécution : *Marche !* si la colonne est au pas, elle passe au pas, lorsque la colonne est au trot, ou enfin elle passe au trot lorsque la colonne est au galop, après avoir avancé, à l'allure primitive, d'une longueur égale à son front.

E. *Étant en colonne par trois, former les pelotons simultanément.*

Le commandant de l'escadron commande : *Escadron, — en pelotons vers la gauche* (ou *droite*), *formez-vous, — au trot* (ou *au galop*) *— marche !*

Dans chaque peloton, les escouades se conforment à ce qui est prescrit pour former l'escadron, qu'on soit de pied ferme ou en marche. Dès que les pelotons sont formés, le commandant de l'escadron commande : *Serrez !* Les chefs de peloton font alors doubler d'allure, excepté celui du peloton de tête, et font reprendre l'allure de la tête de la colonne lorsqu'ils se trouvent à leur distance. Officiers, sous-officiers et trompettes prennent les places qui leur sont assignés § 19, C.

F. *Étant en colonne par trois, former les pelotons successivement.*

Pour la formation successive des pelotons qui ne s'exécute qu'en marchant le commandant de l'escadron fait l'avertissement : *Escadron, — formation successive des pelotons !* Lorsque la colonne est au pas, le chef de peloton de tête commande *vers la gauche (ou droite) formez-vous; — Au trot !* La formation s'exécute exactement comme il est prescrit plus haut.

Lorsque la colonne est au pas, le chef du peloton de tête, dès que son peloton est formé, fait ralentir l'allure. Les pelotons suivants se forment sur le même emplacement et de la même manière que le premier. Lorsque le dernier peloton est à sa distance, le commandant fait l'avertissement : *Franchement en avant !* et tous les pelotons reprennent leur degré de vitesse.

Lorsque la colonne marche au trot ou au galop, le chef du peloton de tête commande : *Vers la gauche (ou droite), formez-vous, — marche !* La tête de colonne conserve la même allure jusqu'à ce qu'elle ait avancé d'une longueur égale à son front, puis elle passe au pas, ou au trot; toutes les autres escouades se portent en ligne à la même allure. Lorsque le point où doit avoir lieu la formation n'est pas déterminé par la configuration du terrain, le commandant désigne l'emplacement où elle doit avoir lieu, ou il se rend lui-même en cet endroit.

Dans ce dernier cas, les chefs de peloton font le commandement pour la formation, lorsque la deuxième escouade de leur peloton arrive à hauteur du commandant.

§ 21.

Étant en colonne par trois, rompre en colonne par deux. Étant en colonne par deux, former l'escadron en colonne par trois, former l'escadron, former les pelotons.

A. *Étant en colonne par trois, rompre par deux.*

Le commandant de l'escadron commande : *Escadron — par la droite* (ou *gauche*) *par deux rompez, — au trot* (ou *au galop*), — *marche !*

La rupture par la droite s'exécute de la manière suivante. Dans chaque peloton, le sous-officier de l'aile droite se place devant le n° 1 du premier rang de la première escouade ; le premier sous-officier serre-file se place à sa droite, le chef de peloton, à la gauche du sous-officier de l'aile droite, ou devant lui, s'il n'y a pas la place nécessaire ; le n° 1 du premier rang continue de marcher droit devant lui ; les n°s 2 et 3 du premier rang suivent le n° 1 en se plaçant derrière lui par un oblique, dès qu'ils ont l'espace nécessaire. Les hommes du deuxième rang se portent, en doublant l'allure, à la hauteur et à la droite de leur chef de file ; le sous-officier de l'aile gauche et le deuxième serre-file suivent derrière le peloton, le premier à gauche, le deuxième à droite ; lorsqu'il n'y a pas de deuxième serre-file, le sous-officier de l'aile gauche se place à la gauche du dernier rang de deux, ou reste derrière, s'il n'y a pas la place nécessaire. Lorsqu'il y a une file creuse à la droite du peloton, l'homme de l'aile droite du premier rang marche seul derrière le sous-officier de l'aile droite ; lorsqu'il y a une file creuse à la gauche du peloton, le dernier homme du

5.

premier rang prend la place du deuxième serre-file et forme un rang de deux avec le sous-officier de l'aile gauche ; lorsque le deuxième serre-file est présent, l'homme de la file creuse marche seul devant le sous-officier de l'aile gauche. Le wachtmeister se place comme les deuxièmes serre-files ; les trompettes rompent par deux et se maintiennent à deux pas en avant de l'escadron.

Les officiers serre-files marchent sur le flanc, du côté extérieur, ou derrière la colonne s'il n'y a pas l'espace nécessaire.

Tous les n°s 1 pour mettre pied à terre marchent vis-à-vis les intervalles à droite de leurs chefs de file.

La rupture par la gauche s'exécute de la manière suivante :

Dans chaque peloton, le sous-officier de l'aile gauche se place devant l'homme de gauche du premier rang de l'escouade qui est en tête, ayant à sa droite le chef de peloton ; le n° 3 du premier rang marche droit devant lui ; les n°s 2 et 1 se placent successivement par un demi à gauche derrière le n° 3, dès qu'ils ont l'espace nécessaire. Les hommes du 2e rang se placent à la gauche de leur chef de file. Le sous-officier de l'aile droite marche derrière le peloton, ayant à sa gauche le premier serre-file ; le deuxième serre-file, à gauche du sous-officier de l'aile gauche. Lorsqu'il y a une file creuse à la droite du peloton, l'homme seul de sa file se place entre le chef de peloton et le sous-officier de l'aile gauche, celui-ci marchant devant le deuxième rang ; lorsqu'il y a une file creuse à la gauche du peloton, l'homme qui est seul marche devant le sous-officier de l'aile droite. Le wacht-meister, comme les deuxièmes serre-files. Les trompettes rompus par deux, à deux pas de la queue de la colonne. Les officiers serre-files, comme il est prescrit la droite en tête.

Tous les n°s 1 pour mettre pied à terre se placent vis-à-vis les intervalles à gauche de leurs chefs de file.

Pour tout le reste se conformer à ce qui est prescrit pour rompre par trois § 25, A.

B. *Changement de direction en colonne par deux.*

Le commandant de l'escadron commande : *Tête à droite* (ou *à gauche*), *conversion* — ou : *Tête demi à droite* (ou *à gauche*) *conversion,* — *marche!* et *en avant!*

La conversion l'exécute comme il est prescrit au § 19 a; tous les rangs de deux tournent successivement sur le même terrain que la tête de colonne.

Lorsqu'on veut marcher dans une direction contraire à celle que suivait la colonne sans faire deux changements de direction successifs, le commandant commande : *Escadron,* — *demi-tour par un,* — *marche!* (ou *au pas!*). Chaque homme exécute un demi-tour sur les hanches du côté extérieur, et le commandant commande ensuite : *Halte!* ou *en avant!* ou une allure plus vive.

C. *Étant en colonne par deux, former l'escadron en colonne par trois.*

Le commandant commande : *Escadron,* — *marchez trois,* — *au trot!* (ou *au galop* — *marche*).

Lorsque la colonne est de pied ferme, la droite en tête, les n°s 1 du premier rang se portent en avant au pas; les n°s 1 du deuxième rang se placent derrière leur chef de file. Les n°s 2 et 3 se portent au trot en obliquant à gauche à hauteur des n°s 1. Dès que les escouades sont formées, elles serrent ensemble au trot sur la tête de colonne, en observant de se placer vis-à-vis les intervalles des escouades précédentes, comme il est prescrit. La première escouade ne se porte en avant que d'une longueur de cheval.

Lorsqu'on a la gauche en tête, les n°s 3 se portent droit devant eux, les n°s 2 et 1 se portent à hauteur des n°s 3. Le mouvement s'exécute d'ailleurs suivant les mêmes principes que lorsqu'on a la droite en tête. Officiers, sous-officiers et trompettes reprennent les places qui leur sont assignées en colonne par trois.

Lorsqu'on est en marche les n°s 1 (ou les n°s 3 lorsqu'on à la gauche en tête) continuent de se porter droit devant eux à la même allure; les autres doublent l'allure comme le commandant l'indique et le reste du mouvement s'exécute comme il est prescrit de pied ferme.

En principe ce doublement ne doit pas être commandé à une allure plus vive que le trot.

D. *Étant en colonne par deux, former l'escadron ou les pelotons.*

Le commandant commande : *Escadron,—vers la gauche* (ou *droite*), *formez-vous ; — au trot !* (*au galop — marche !*) ou bien : *Escadron, — en pelotons vers la gauche, (droite) formez-vous ; — au trot !* (*au galop — marche !*)

L'exécution du mouvement est analogue à la formation de l'escadron lorsqu'on est en colonne par trois; pourtant les hommes se portent isolément sur la ligne, sans que les escouades soient formées auparavant.

Lorsqu'on se forme en pelotons, après la formation,

le commandant commande : *Serrez!* les derniers pelotons serrent alors sur le 1er, en doublant l'allure, au commandement de leur chef.

Lorsqu'on doit former les pelotons successivement, on se conforme exactement à ce qui est prescrit § 20, F, pour la formation analogue, étant en colonne par trois.

§ 22.

Conversions de pied ferme et en marche.

Par conversion, on entend un mouvement de la ligne par lequel celle-ci décrit un arc de cercle avec l'une des ailes, tandis que l'autre aile forme pivot. L'aile qui est au pivot ou voisine du pivot s'appelle aile intérieure; l'aile du côté opposé s'appelle aile extérieure.

Chaque conversion entraîne un changement de front de la ligne.

On distingue les conversions en demi à droite (ou à gauche), en à droite (ou à gauche) et en demi-tour, suivant que l'aile marchante décrit un huitième, ou un quart ou moitié de la circonférence.

A. *Conversion de la ligne.*

L'escadron étant de pied ferme, pour lui faire exécuter un quart de conversion, le commandant commande : *Escadron, — à droite (gauche), conversion, — au trot!* et, pour le huitième de conversion, il commande : *Escadron, — demi à droite (gauche), conversion; — au trot!* L'aile extérieure décrit son arc de cercle à une allure régulière; les autres hommes marchent à une allure d'autant plus lente qu'ils sont plus rapprochés du pivot et se règlent sur l'aile marchante ; l'homme au pivot tourne sur place. Le tact de l'étrier se prend du côté du pivot, l'alignement du côté de l'aile marchante. On doit rester aligné et sentir l'étrier pendant le mouvement ; l'avant-main des chevaux doit être tournée un peu vers l'aile extérieure, l'arrière-main vers l'aile intérieure. Pendant la conversion, le deuxième rang se maintient en oblique vers l'aile extérieure. Les chefs de peloton, alignés entre eux, se maintiennent devant le centre de leur peloton ; les sous-officiers des ailes, les officiers et les sous-officiers serre-files conservent leur place de bataille. Après avoir fait son commandement d'exécution : *Au trot !* le commandant de l'escadron se rend au grand galop en avant dans la nouvelle direction, fait face au centre de l'escadron, et pendant que l'escadron se dirige sur lui, il commande : *Halte !* ou *En avant !* ou *au pas !*

La conversion terminée, la direction revient où elle était auparavant.

Lorsque l'escadron est en marche et que la conversion doit être exécutée sans changer d'allure, le commandant commande : *Escadron,* — *à droite (à gauche, demi à droite, demi à gauche) conversion,* — *marche !*

L'aile intérieure n'exécute pas son mouvement comme de pied ferme. Comme elle doit décrire un arc de cercle plus petit que celui de l'aile extérieure, elle ralentit le pas, lorsque la conversion s'exécute au pas, ou elle passe au pas lorsque la conversion s'exécute au trot ou au galop.

Au commandement : *En avant !* l'escadron se porte en avant à l'allure à laquelle la conversion a été exécutée.

B. *Rompre l'escadron en colonne par pelotons et en demi-colonne et le reformer en bataille par conversion.*

En rompant par pelotons à droite (ou à gauche), on forme l'escadron en colonne par pelotons; en rompant par pelotons demi-à-droite (ou à gauche), on forme l'escadron en demi-colonne.

Pour rompre de pied ferme, le commandant de l'escadron commande : *Escadron, — par pelotons à droite (à gauche, demi à droite, demi à gauche), conversion, — Au trot!*

Pendant et après la conversion, les chefs de peloton restent devant le centre de leur peloton, à un pas seulement de distance; les sous-officiers des ailes restent à leurs places respectives, à hauteur du premier rang; les premiers sous-officiers serre-files se placent, pendant le mouvement, à l'aile droite et les deuxièmes sous-officiers serre-files, à l'aile gauche du deuxième rang de leur peloton; le wachtmeister reste à sa place; les trompettes exécutent la conversion pour leur compte et se tiennent devant ou derrière le centre du 1er peloton, suivant qu'on a conversé à droite ou à gauche. Les officiers serre-files font un à droite ou un à gauche individuel et restent sur le flanc de la colonne, du côté extérieur.

Dans la rupture de pied ferme, lorsque l'un des pelotons des ailes ne doit pas converser, mais se porter droit devant lui, l'avertissement suivant doit précéder le commandement d'exécution : *Le 1er (ou le 4e) peloton en avant!* Le peloton qui doit se porter droit devant lui avance seulement d'une longueur égale à son front.

Après la rupture par pelotons demi à droite (ou à

gauche), les pelotons ne sont pas en file comme d'habitude; l'aile intérieure de chaque peloton dépasse celle du peloton qui précéde.

L'escadron étant de pied ferme, pour le reformer en bataille par une conversion par pelotons, le commandant commande : *Escadron, — par pelotons à gauche (droite, demi à gauche, demi à droite), conversion, — Au trot !* Lorsqu'à la place de ce commandement le commandant commande : *Front !* les pelotons conversent au trot sans commandement.

Après la rupture ou après la formation par une conversion par pelotons, on peut commander *halte !* ou faire changer d'allure, soit à la sonnerie, soit au commandement, ou enfin commander *en avant !* Dans ce dernier cas, l'escadron se porte droit devant lui au trot dans la nouvelle direction.

Lorsque l'escadron est au pas, la rupture et la formation s'exécutent aux mêmes commandements et de la même manière qu'au pas. Lorsque l'escadron est au trot ou au galop, on commande : *Escadron, — par pelotons à droite (gauche, demi à droite, demi à gauche), conversion, — marche !* les pelotons conversent alors à la même allure.

C. *Passer de la demi-colonne à la colonne par pelotons.*

Pour passer de la demi-colonne à la colonne par pelotons en conservant la direction qu'on a obtenue par le quart de conversion, le commandant commande : *Escadron, — par pelotons demi à droite (demi à gauche) conversion, — le 1er peloton en avant — marche !* (au trot !) et, après la conversion, *En avant !* ou la sonnerie. Le chef du 1er peloton continue de marcher dans la même direction; les autres chefs de peloton, au commandement : *En avant!* ou à la sonnerie, se conforment à ce qui est prescrit pour le changement de direction en colonne par peloton (voir en D).

D. *Conversion successive en colonne par pelotons.*

L'escadron marchant en colonne par pelotons, pour changer de direction, le commandant fait l'avertissement : *Tête à droite (à gauche, demi à droite, demi à gauche), conversion!* Le chef du peloton de tête commande alors *à droite (à gauche, demi à droite, demi à gauche) conversion — marche!* Le peloton converse sans changer d'allure, comme il est prescrit en A pour la conversion de l'escadron marchant en bataille; l'aile intérieure doit décrire un arc de cercle assez grand pour que le peloton suivant ne la rencontre pas.

La conversion étant terminée, le chef du peloton commande : *En avant!* et le peloton se porte droit devant lui dans la nouvelle direction. Les autres pelotons exécutent la conversion de la même manière et sur le même terrain que le peloton de tête, au commandement de leur chef : *Conversion, — marche!* Au commandement : *En avant!* ils se portent droit devant eux dans la nouvelle direction.

E. *Former l'escadron en bataille par la conversion successive des pelotons.* (Sur la droite ou sur la gauche en bataille.)

L'escadron étant de pied ferme, le commandant commande : *Escadron; — sur la droite (ou gauche) en bataille!*

— *au trot!* Le chef du peloton de tête commande : *A droite (gauche) conversion; — Au trot!* puis *En avant!* et *Halte!* lorsqu'après la conversion, il a avancé d'une longueur égale à son front. Un peu avant d'arriver à hauteur de l'aile gauche du peloton précédent, chacun des autres chefs de peloton commande : *Conversion; — marche!* puis *En avant!* Il avance avec son peloton jusqu'à hauteur du deuxième rang du peloton précédent, et commande : *Halte! les yeux à droite! (gauche!) alignez-vous!*

Lorsque l'escadron marche au pas, le mouvement s'exécute de la même manière et aux mêmes commandements qu'au pas; lorsque l'escadron marche au trot ou au galop, le commandant commande : *Escadron, — sur la droite (gauche) en bataille! — marche!* et la formation s'exécute à la même allure. Les chefs de peloton se conforment à ce qui est prescrit de pied ferme.

F. *Demi-tour par pelotons.*

L'escadron étant de pied ferme pour faire exécuter un demi-tour par pelotons, le commandant commande : *Escadron, — par pelotons demi-tour à droite (gauche) conversion, — Au trot!* ou il fait sonner le demi-tour. Dans ce dernier cas, le demi-tour est toujours exécuté à droite et seulement au commandement qui doit suivre la sonnerie.

Le demi-tour par pelotons se compose de deux quarts de conversion exécutés d'après les principes posés pour la rupture par pelotons à droite ou à gauche. Officiers et sous-officiers conservent leurs places. Les officiers serre-files passent, pendant le mouvement, dans l'intervalle entre les pelotons, et se placent derrière l'escadron. Les trompettes font un demi-tour pour leur compte; après un demi-tour à gauche, ils se rapprochent à leur intervalle du 1er peloton; pendant le demi-tour à droite, ils font place au 1er peloton.

Le commandant de l'escadron reste derrière l'escadron.

Pour remettre l'escadron face en tête, le commandant commande de nouveau le demi-tour par pelotons, ou il fait sonner : *Front!* Dans ce dernier cas, le demi-tour est exécuté de suite au trot et toujours à droite.

De pied ferme ou en marche, le demi-tour par pelotons s'exécute toujours à pivot fixe. Pour les commandements ou les sonneries à faire et pour l'exécution de ces conversions, se reporter à ce qui a été dit à propos des ruptures et formations par conversion.

§ 23.

Etant en ligne, rompre en colonne par pelotons ou en demi-colonne. Etant en demi-colonne, former l'escadron en colonne par pelotons. Former l'escadron en ligne (1).

A. *Rompre par pelotons.*

L'escadron étant de pied ferme, pour rompre par la droite par pelotons, le commandant commande : *Es-*

____

(1) L'escadron étant en ligne, il n'a pas été indiqué comment on pourrait le rompre immédiatement par trois ou par deux ; d'après la règle, on rompt d'abord par pelotons à droite ou à gauche, et on rompt ensuite les pelotons en fractions d'un front plus faible.

Pour la rupture par un aux différentes allures, l'escadron étant en ligne, on se conformera à ce qui est prescrit à l'instruction à cheval, 1re partie.

cadron, — *par la droite* (*gauche*) *par pelotons rompez ;* — *Au trot!* Le chef du peloton de l'aile désignée fait l'avertissement *En avant!* puis il commande : *Halte!* Les autres chefs de peloton commandent successivement : *Oblique à droite* (*gauche*) ; — *Au trot!* lorsque le deuxième rang du peloton voisin a dépassé le premier rang de leur peloton. Les pelotons restent dans la direction oblique jusqu'à ce qu'ils soient en file ; les chefs commandent alors : *En avant!* et suivent les pelotons précédents.

Afin de pouvoir se former en bataille par une conversion simultanée, la distance entre les pelotons, mesurée des pieds de devant des chevaux du premier rang d'un peloton aux pieds de devant des chevaux du premier rang du peloton suivant, doit compter autant de pas qu'il y a de files dans ce dernier peloton. La distance qui reste libre entre deux pelotons, de la queue des chevaux du deuxième rang d'un peloton à la tête des chevaux du premier rang du peloton suivant, se trouve en déduisant du nombre de files de ce dernier peloton la profondeur du peloton précédent, c'est-à-dire sept pas.

Lorsqu'on est en marche, le commandant commande la rupture en doublant l'allure. Le chef du peloton qui prend la tête se conforme à ce qui est prescrit de pied ferme ; les chefs des autres pelotons commandent : *Halte!* et ensuite : *Oblique à droite* (*gauche*), — *au trot!* (*au galop* — *marche!*) puis *en avant!*

B. *Rompre en demi-colonne.*

L'escadron étant de pied ferme, le commandant

commande : *Escadron, — par la droite (gauche) en demi-colonne par pelotons rompez ; — Au trot !*

Le chef du peloton de tête fait l'avertissement *En avant !* et commande : *Au trot !* Les autres chefs de peloton commandent successivement : *Oblique à droite (gauche), — au trot !* dès que le deuxième rang du peloton précédent a dépassé le premier rang de leur peloton.

La distance entre les pelotons, mesurée de la queue des chevaux du deuxième rang au nez des chevaux du premier rang du peloton suivant, est de deux pas pour un peloton de 12 files ; cette distance doit être plus grande ou moins grande suivant que le nombre des files de chaque peloton est plus grand ou plus petit. Les sous-officiers des ailes intérieures restent éloignés l'un de l'autre d'une longueur égale au front d'un peloton.

Les chefs de peloton font ensuite le commandement : *En avant !* de manière que les ailes extérieures soient dirigées sur les mêmes files du peloton précédent que si l'on avait rompu par pelotons demi à droite ou demi à gauche.

Avec des pelotons de 12 files, l'aile extérieure de chaque peloton se dirige sur l'intervalle entre la 3e et la 4e file du peloton précédent, à partir de l'aile intérieure, le sous-officier de l'aile comptant comme une file.

Lorsqu'on est en marche on se conforme aux mêmes principes que pour la rupture par pelotons.

C. *Passer de la demi-colonne à la colonne par pelotons.*

Pour passer de l'ordre en demi-colonne à l'ordre en colonne par pelotons, sans changer la direction de la marche, le mouvement s'exécute au trot lorsque la colonne est de pied ferme, ou au pas et sans changer d'allure lorsque la colonne marche au trot ou au galop ; cette prescription s'applique aussi au peloton de tête. Au commandement du commandant de l'escadron : *Escadron, — en file, — au trot! (marche!)*, le chef du peloton de tête fait l'avertissement : *En avant!* et commande *au trot!* si cela est nécessaire. Les autres chefs de peloton commandent *oblique à droite (gauche) — au trot! (marche!)* Lorsque l'aile intérieure de leur peloton se trouve derrière l'aile intérieure du peloton précédent, ils commandent *En avant!* puis on reprend les distances entre les pelotons.

D. *Étant en colonne par pelotons, former l'escadron.*

L'escadron étant de pied ferme, pour le former en ligne sur le peloton de tête, le commandant commande : *Escadron, — vers la gauche (droite) formez-vous au trot!* Le chef du peloton de tête fait l'avertissement *en avant!* les autres font l'avertissement *oblique à gauche (droite)!* et tous répètent le commandement *Au trot!* du commandant de l'escadron. Lorsque le peloton de tête a avancé d'une longueur égale à son front, son chef commande : *Halte!* Dès que les autres pelotons ont gagné, en obliquant, l'espace nécessaire, leurs chefs commandent : *En avant!* et, à hauteur du deuxième rang du peloton précédent, ils commandent : *Halte!* se portent en ligne de leur personne et commandent : *Les yeux à droite (gauche)! alignez-vous!* Officiers, sous-officiers et trompettes prennent les places prescrites en bataille.

Lorsqu'on est en marche, le commandant de l'escadron commande la formation en doublant l'allure ; le peloton de tête conserve l'allure à laquelle on marchait, tout en prenant deux pas de distance entre lui et son chef ; au commandement d'exécution : *Au trot !* ou *Au galop ! — marche !* ou *plus vite !* répété par les chefs des autres pelotons, ceux-ci prennent l'allure indiquée et, au commandement *En avant !* ils se portent en ligne ; les chefs de ces pelotons commandent alors l'allure du peloton qui était en tête, s'alignent sur les chefs de peloton déjà en ligne, puis, s'il y a lieu, ils changent le côté sur lequel ils se règlent, aussitôt que les autres chefs de peloton sont en ligne. En prenant l'allure du peloton de tête, les autres pelotons prennent deux pas de distance entre eux et leur chef.

E. *L'escadron étant en ligne, faire rompre un ou deux pelotons et les remettre en ligne.*

L'escadron marchant en bataille pour faire rompre un peloton quelconque, le commandant, après avoir désigné ce peloton, commande : *Rompez !* Le chef du peloton désigné, après avoir indiqué le numéro du peloton, commande : *Halte !* puis il se place, avec son peloton, derrière la plus grande fraction de l'escadron. Si l'on doit rompre à cause d'accidents de terrain, le chef de peloton fait son commandement sans attendre l'avertissement du commandant de l'escadron. Pour faire rentrer le peloton en ligne, le commandant fait l'avertissement *En ligne !* le chef de peloton fait alors les commandements nécessaires pour se reporter en ligne. Lorsque deux pelotons de la même aile doivent rompre, ils s'arrêtent en même temps et rompent l'un après l'autre pour se placer derrière le peloton le plus voisin.

Lorsque les deux pelotons du centre doivent rompre, le deuxième se place derrière le premier, le troisième derrière le quatrième.

1° *Un peloton des ailes.*

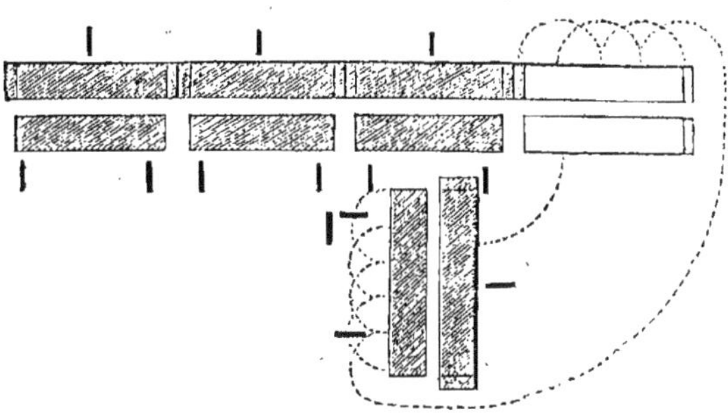

Note. Le peloton désigné exécute un demi tour à droite par 3, puis un quart de conversion. Il fait ensuite front par un demi tour 3 et s'arrête.

2° *Les pelotons du centre.*

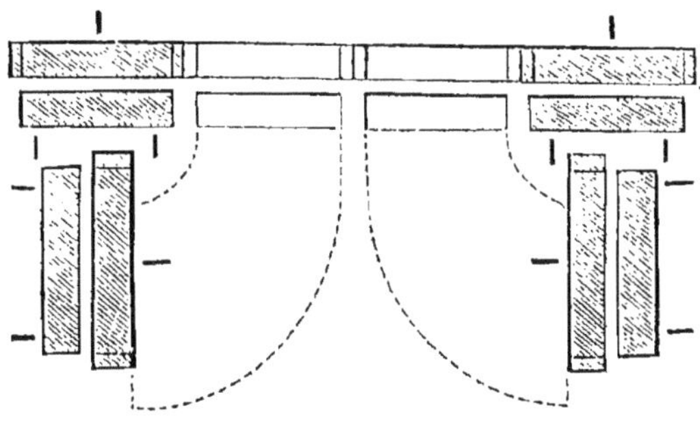

L'escadron étant de pied ferme, lorsqu'on veut placer un ou plusieurs pelotons en arrière pour livrer passage à une autre troupe, le commandant de l'escadron fait l'avertissement : *(tel) peloton, faites place!* Le chef du peloton désigné commande : *(tel) peloton, demi-tour par trois, — marche!* puis *au trot!* il commande ensuite *à droite (gauche) conversion; — marche!* la conversion se fait toujours du côté où se trouve la plus grande fraction de l'escadron. Le chef de peloton reste derrière le peloton. La conversion par pelotons terminée, le chef de peloton commande : *En avant!* puis *(tel) peloton, —front!* et *halte!* Pour se remettre en ligne, le chef du peloton commande *Au trot!* puis *à gauche (droite) conversion, — marche!* et ensuite : *En avant! halte! alignez-vous!*

Lorsque deux pelotons de la même aile doivent faire place, ils exécutent le mouvement comme un demi-escadron, au commandement du plus ancien des deux chefs de peloton.

Lorsque deux pelotons du centre doivent faire place, le mouvement s'exécute, dans chaque peloton, comme s'il rompait seul ; le 2ᵉ peloton fait un à gauche après le demi-tour, par trois, et le 3ᵉ peloton un à droite. On se reporte en ligne comme il est prescrit plus haut.

§ 24.

L'escadron étant en colonne par pelotons, rompre par trois, par deux, par un et former les pelotons.

A. *Étant en colonne par pelotons, rompre par trois.*

Le mouvement ne peut s'exécuter que par la rupture successive des pelotons. Le commandant de l'escadron fait l'avertissement : *Escadron — dans chaque peloton successivement, par trois rompez!* Le chef du peloton de

6

tête commande alors : *Par la droite (gauche) rompez — au trot ! — (au galop, marche !)* l'escouade de l'aile désignée se porte droit devant elle à l'allure commandée, et les autres escouades rompent successivement lorsque les chevaux du deuxième rang de l'escouade précédente ont dépassé le premier rang ; lorsqu'on est de pied ferme, chaque escouade se porte droit devant elle d'une lon- gueur de cheval et oblique ensuite ; lorsqu'on est en marche, les escouades obliquent de suite. Les escouades se mettent successivement en file. Les chefs des autres pelotons font successivement le même commandement assez à temps pour que leur escouade de tête suive im- médiatement la dernière escouade du peloton précédent.

Pour le reste, se conformer à ce qui est prescrit au § 20, A.

B. *Étant en colonne par trois, former les pelotons.*

Les formation des pelotons peut être successive ou simultanée ; dans les deux cas, on se conforme à ce qui est prescrit au § 20, E. et F.

C. *Étant en colonne par pelotons, rompre par deux.*

La rupture se fait successivement dans chaque pelo- ton. Le commandant de l'escadron fait l'avertissement : *Escadron, — dans chaque peloton successivement, par deux rompez !* et le chef du peloton de tête commande *par la droite (gauche) par deux, — au trot ! (au galop — marche !)* La rupture est exécutée par le peloton de tête, comme il est prescrit § 21, A. ; les autres pelotons se conforment à ce qui est prescrit en A. pour la rupture par trois.

D. *Étant en colonne par deux, former les pelotons.*

La formation des pelotons peut être successive ou simultanée; dans les deux cas, on se conforme à ce qui est prescrit au § 21, D.

E. *Étant en colonne par pelotons, rompre par un.*

Lorsqu'un défilé ne peut être passé qu'en colonne par un, le chef du peloton de tête commande *par la droite (gauche), par un, rompez; — au trot! (au galop, — marche!)* le peloton rompt alors par un à distance de rang. Les autres pelotons rompent successivement de la même manière aux commandements de leurs chefs et suivent le premier sans interruption.

F. *Étant en colonne par un, former les pelotons.*

La formation s'exécute successivement suivant les mêmes principes que la formation successive des pelotons lorsqu'on est en colonne par deux et à des commandements analogues.

G. *Rupture des ailes.*

Si l'on désire passer en colonne par pelotons un défilé qui n'a pas la largeur du front d'un peloton, le commandant de l'escadron fait l'avertissement : *Par les ailes, rompez!* Lorsqu'on approche du défilé, autant de files qu'il est nécessaire se retirent à chaque aile du peloton et se placent à côté du chef du peloton suivant. Celui-ci fait en sorte que la colonne ne soit pas allongée plus qu'il n'est nécessaire; à cet effet, les files qui ont rompu ne conservent pas la distance entre les rangs, mais serrent dans les intervalles, autant que la distance du peloton le permet. La formation en ligne se fait successivement et sans commandement aussitôt que le terrain le permet; s'il est nécessaire, le chef de peloton fait l'avertissement : *En ligne !*

§ 25.

Former la colonne par pelotons de pied ferme.

L'escadron étant en bataille de pied ferme, pour le former en colonne par pelotons en conservant la même direction et en perdant le moins de terrain possible, le commandant commande : *Escadron,— à droite*

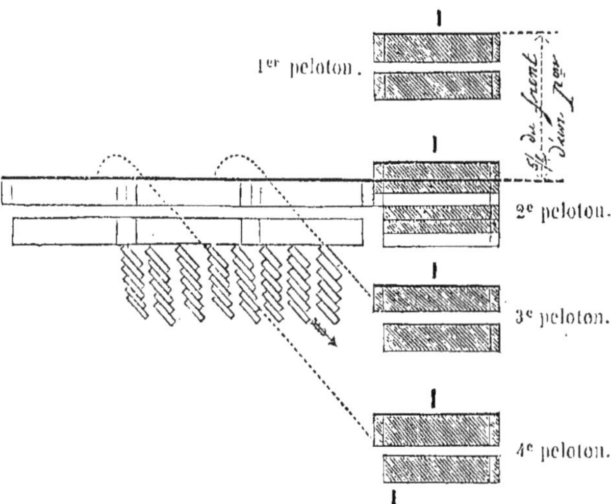

Le 1er peloton se porte en avant d'une longueur égale à 5 quarts de son front. Le 2e peloton exécute un à droite par 3, se porte en avant et fait front par un à gauche par 3. Les autres pelotons exécutent un à droite par 3, obliquent à droite, se redressent et font front par un à gauche par 3.

(*gauche*), *en colonne par pelotons ; — à droite* (*gauche*) *par trois, — marche!* puis *au trot!* lorsque le mouvement par trois est terminé. Au commandement : *à droite* (*gauche*), *par trois* du commandant, le chef du 1er (4e) peloton fait l'avertissement *en avant!* au commandement *marche!* du commandant ; il commande *au trot!* se porte avec son peloton, à une distance égale à 5/4 du front d'un peloton, et commande *halte!*

Au commandement du commandant, les autres pelotons exécutent leur conversion par trois, et, au commandement *au trot!* ils prennent le trot. Le 2° peloton (le 3°, lorsqu'on se forme la gauche en tête) se porte droit devant lui. Les autres chefs de peloton commandent de suite : *Oblique à droite* (*gauche*), *marche!*

Le chef du 2° peloton (ou du 3°) s'arrête à hauteur de la tête du peloton, qu'il laisse passer devant lui, et dès que la dernière escouade est arrivée à sa hauteur, il commande : *Front!* et *halte!*

Chacun des autres chefs de peloton accompagne la tête de son peloton et s'arrête à hauteur de la file de gauche du peloton précédent. Dès que le peloton a gagné l'espace nécessaire, il commande : *En avant!* puis, lorsque la dernière escouade arrive à sa hauteur : *Front!* et *halte!*

Officiers, sous-officiers et trompettes prennent les places qui leur sont assignées § 22, B, après la rupture par pelotons à droite ou à gauche.

§ 26.

L'attaque.

A. *Attaque en ligne.*

L'attaque (*la charge*) est une marche en ligne en

6.

avant, dirigée contre l'ennemi avec des vitesses croissantes. Le point capital est d'obtenir le choc simultané contre l'ennemi de toute la ligne serrée, à la plus grande vitesse des chevaux.

Le chef dirige l'attaque sur le point convenable, autant que possible sur les flancs de l'adversaire. La troupe doit être exercée à atteindre ce but. Il faut donc, en principe, dans les exercices, choisir et désigner aux hommes un objectif apparent. Les chefs de peloton doivent, dans l'attaque, suivre le commandant de l'escadron où celui-ci les dirige, ayant soin de conserver leurs intervalles.

Dans les exercices, l'espace à parcourir aux différentes allures est, d'après la règle, 1500 pas, savoir, 1000 pas au pas et au trot, 400 pas au galop et 100 pas au galop de charge.

Chevaux et cavaliers doivent être amenés, par des exercices préparatoires, à parcourir cet espace avec calme, avec ordre, sans effort, avec les vitesses indiquées plus haut, afin que l'attaque conserve toute sa puissance.

Dans l'exécution de l'attaque, on se conforme aux mêmes principes que dans la marche de front.

Pour exécuter l'attaque, le commandant de l'escadron commande : *Escadron, — pour l'attaque (croisez la lance), en avant. — Marche!* les trompettes sonnent alors la marche.

Le deuxième rang prend deux pas de distance du premier rang, et les sous-officiers serre-files deux pas de distance du deuxième rang (trois pas pour les uhlans).

Dès que la ligne est en mouvement, on fait sonner le trot, ensuite le galop; pour prendre le galop de charge, le commandant commande : *Marche! marche!* Il peut aussi, en même temps, faire sonner la charge. Au commandement : *Marche! marche!* tout l'escadron élève le sabre la pointe en avant. Les uhlans croisent la lance, ceux du premier rang la pointe en avant, ceux du deuxième rang la pointe à hauteur de la coiffure. Le wachtmeister et les sous-officiers serre-files doivent veiller à ce que le deuxième rang reste en ordre et à sa distance pendant l'attaque; en conséquence, ces sous-officiers ne sont pas astreints à rester aux places qui leur sont assignées.

Après l'attaque le commandement de l'escadron fait, d'après la règle, sonner une allure moins rapide; dans des cas particuliers, il fait arrêter, soit à son commandement, soit à la sonnerie. Dans les deux cas, le sabre est reporté à l'épaule sans commandement et les rangs reprennent leur distance. Dans le premier cas, la lance est également rapportée à la hanche droite sans commandement; dans le deuxième cas, elle est replacée dans la botte.

Lorsqu'on s'arrête après l'attaque, le commandant de l'escadron commande : *Alignez-vous!* et, s'il est nécessaire : *Rangez-vous!*

Lorsque l'espace manque pour une marche de front de 1500 pas, on marche au trot pendant un espace moins considérable; mais, en principe, on doit éviter de raccourcir l'espace parcouru au galop.

Pour gagner du terrain et pour exercer les troupes à parcourir de plus grandes distances et à manœuvrer à des allures vives, on doit en outre exercer à l'attaque comme il suit : pendant le mouvement, on exécute des évolutions et des changements de direction au trot et au galop, et la dernière partie de l'attaque est seule exécutée en ligne pour des distances plus grandes ou plus petites.

Pendant les mouvements qui ne sont pas exécutés en ligne, les uhlans placent la lance à la hanche droite et le deuxième rang conserve sa distance.

B. *Attaque avec le 4ᵉ peloton en fourrageurs.*

Pour poursuivre rapidement, avec une partie de l'escadron dispersée, l'ennemi qui n'accepte pas l'attaque, pendant que la plus grande fraction de l'escadron suit, ou dans d'autres circonstances particulières, le commandant interrompt l'attaque commencée ; pour cela, il commande : *Escadron, halte !* et de suite après : *Le 4ᵉ peloton en fourrageurs ! — marche ! marche !* Le chef du 4ᵉ peloton répète le commandement. Le 4ᵉ peloton s'avance au train de charge, avec le sabre haut (ou la lance croisée) et s'étend sur un rang de manière à occuper le front de l'escadron, les hommes du 2ᵉ rang se plaçant à la gauche de leurs chefs de file. Le wachtmeister ne suit pas le 4ᵉ peloton, il se place derrière le 3ᵉ. Un trompette se joint au 4ᵉ peloton ; ils se place derrière la ligne des fourrageurs pour faire les sonneries.

L'escadron suit le peloton à une distance convenable. Si l'on suppose que l'ennemi se rassemble de nouveau et qu'il est nécessaire de se porter à sa rencontre, le commandant de l'escadron fait sonner *Appel !* A cette sonnerie, chaque homme du peloton en fourrageurs fait un demi-tour à gauche, et, dégageant aussi vite que possible le front de l'escadron, il se porte à l'aile gauche à l'allure la plus rapide, fait face en tête par un demi-tour à gauche un peu avant d'arriver à hauteur de la ligne, et se joint sans retard et sans ordre au gros de l'escadron.

Pendant la marche en arrière les hommes du deuxième rang cherchent à dépasser ceux du premier rang pour atteindre plus tôt l'escadron.

Lorsque le front est libre, l'attaque est continuée par l'escadron.

Lorsque le peloton en fourrageurs ne doit pas être rallié par la sonnerie *Appel!* et que l'attaque ne doit pas être continuée, le commandant fait sonner *Halte*, ou le pas ou le trot. Alors tout le peloton, sans se réunir, forme une ligne. Si le commandant de l'escadron fait alors sonner *Flanqueurs en avant!* les files flanqueurs remettent le sabre (prennent la lance au bras), s'avancent au galop à la distance déterminée et prennent l'arme à feu ; les autres hommes du peloton se réunissent devant le centre de l'escadron et forment la troupe de soutien, comme cela est indiqué plus loin, § 27, pour le déploiement d'un peloton en flanqueurs.

C. *Attaque contre l'artillerie.*

L'attaque d'une batterie est exécutée de la manière suivante : pendant qu'un peloton attaque la batterie de front en ligne dispersée (en fourrageurs), les autres pelotons de l'escadron formés en colonne cherchent à gagner le flanc et de là se précipitent à l'improviste en ordre serré sur la troupe de soutien et ensuite dans la batterie.

D. *Attaque avec la ligne dispersée (en fourrageurs).*

Pour la poursuite d'un ennemi en fuite, ou lorsque les circonstances le commandent, la plus grande fraction de l'escadron peut aussi passer de l'attaque en ligne serrée à l'attaque en ligne dispersée.

Le commandant de l'escadron commande : *En fourra-*

geurs, — marche! marche! Tout l'escadron se disperse au galop de charge, à l'exception du 3ᵉ peloton, sans égard aux intervalles, au côté de la direction et à l'ordre. Le 3ᵉ peloton (s'il n'en a pas été expressément désigné un autre) reste en ordre serré, et suit, comme troupe de soutien, l'escadron déployé; d'après la règle, il suit, au trot, à une distance convenable. Le vide laissé par le peloton resté en arrière est bouché par les autres pelotons qui se sont portés en avant. Le commandant de l'escadron charge avec la ligne; le wachtmeister et un trompette restent en arrière avec le 3ᵉ peloton.

Les autres trompettes se partagent derrière la ligne en fourrageurs. Le ralliement de l'escadron peut se faire, soit à la sonnerie *Halte!* soit à la sonnerie *Appel!*

A la sonnerie *Appel!* les hommes qui sont en avant s'arrêtent aussitôt; tous les autres se rassemblent en avançant sur la ligne des premiers; ayant l'attention de laisser libre l'espace suffisant pour le 3ᵉ peloton, qui suit par derrière. La troupe de soutien se porte en avant en ligne au galop; tous se réunissent à elle sans égard à l'ordre des rangs. A la sonnerie *Appel!* chaque homme exécute un demi-tour à gauche, revient au train de charge vers la troupe de soutien, s'y joint par un demi-tour à gauche, sans égard à son ancienne place.

La troupe de soutien peut, ou bien venir à la rencontre de ceux qui se rallient, ou bien se diriger en arrière et faire front plus tard, ou enfin prendre une position flanquante. Dans tous les cas ceux qui se rallient doivent prendre de suite le front de la troupe de soutien.

Après la sonnerie *Appel!* le commandant de l'escadron peut, selon les circonstances, faire sonner au trot; les fourrageurs reviennent alors à cette allure.

Après que l'escadron s'est rallié, d'une façon ou de l'autre, on peut de nouveau recommencer l'attaque, ou exécuter d'autres mouvements; si l'on ne fait ni l'un ni l'autre, le commandant de l'escadron commande : *Rangez-vous!* le premier rang se porte en avant de deux longueurs de chevaux et chacun rentre à sa place. Au commandement : *Alignez-vous!* le deuxième rang serre à sa distance du premier.

CHAPITRE VII.

DÉPLOIEMENT DES FLANQUEURS, LE COMBAT A PIED, FORMATION POUR L'EXERCICE DES ARMES.

§ 27.

Déploiement des flanqueurs (tirailleurs).

Le but des flanqueurs est essentiellement d'observer l'ennemi et d'empêcher ses éclaireurs d'avancer. Cette opération est exécutée de préférence par le 4° peloton.

A la sonnerie *Flanqueurs en avant!* c'est toujours le 4° peloton qui se porte en avant pour se déployer en tirailleurs. Lorsque le commandant de l'escadron veut déployer un autre peloton, il fait l'avertissement : *(tel) peloton, en flanqueurs en avant !*

L'escadron étant de pied ferme en bataille, à la sonnerie ou à l'avertissement du commandant de l'escadron, le chef du 4° peloton commande : 4° *peloton au trot!* et, aussitôt que le peloton a dépassé la ligne de l'escadron : *Oblique à droite, — marche !*

Un trompette accompagne le peloton de flanqueurs, il

est placé à l'aile droite. Le wachtmeister ne se porte pas en avant avec le peloton de flanqueurs.

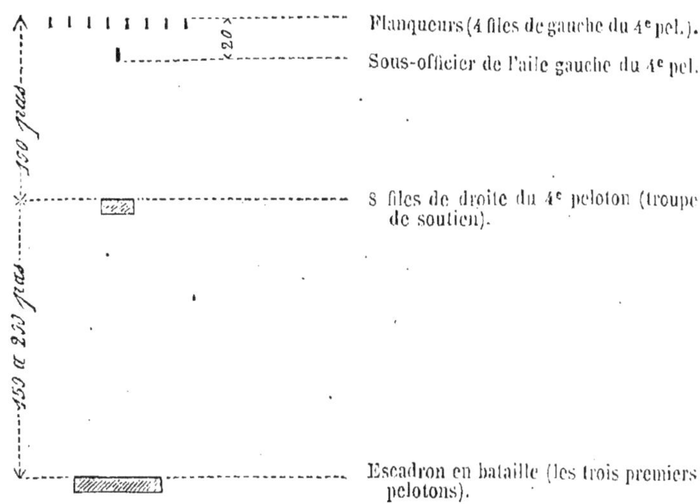

Lorsque le peloton est arrivé vis-à-vis le centre de l'escadron, son chef commande : *En avant!* et lorsque le peloton est arrivé à une distance de 150 à 200 pas de l'escadron, il commande : *Halte!* Les quatre files de gauche (s'il n'en a pas été désigné d'autres) remettent rapidement le sabre, et au commandement : *Flanqueurs en avant!* du chef de peloton, elles se portent au galop à 100 pas en avant du peloton et prennent en même temps l'arme à feu. Les files en flanqueurs se disposent sur une seule ligne, les hommes du deuxième rang se placent à la gauche de leurs chefs de file, et tous s'écartent les uns des autres, de manière à couvrir le front de l'escadron; ensuite ils commencent le feu. Le sous-officier de l'aile gauche se porte en avant avec les flanqueurs dont il a le commandement; il se tient, en règle générale, à 20 pas derrière le centre de la ligne des flanqueurs, et il les dirige à la voix; il peut aussi se porter où il juge sa présence nécessaire. Il doit en outre avoir constamment l'œil aussi bien sur l'ennemi que sur le peloton, afin de suivre avec les flanqueurs les mouvements du peloton.

Les deux hommes d'une même file se soutiennent réciproquement, et il est de règle générale que l'un des deux doit toujours avoir l'arme chargée pour pouvoir protéger l'autre pendant qu'il charge son arme. Les flanqueurs doivent tirer sur un but déterminé et faire feu avec calme et avec sûreté; à cet effet, ils s'arrêtent pour tirer, et s'ils portent des carabines, ils peuvent mettre pied à terre. Pour offrir à l'ennemi un but aussi incertain que possible, les flanqueurs sont constamment en mouvement; lorsque la ligne est de pied ferme, ils décrivent un huit de chiffre, et lorsqu'elle est en marche, en avant ou en arrière, ils décrivent des sinuosités.

Ils doivent rester en mouvement pendant qu'ils chargent; cependant ils doivent songer autant que possible à ne pas fatiguer inutilement leurs chevaux.

Les prescriptions précédentes qui indiquent les distances de 150 à 200 pas entre le peloton et l'escadron et 100 pas entre les pelotons et les flanqueurs sont seulement faites pour les premiers exercices; plus tard ces distances dépendent du terrain et de l'ennemi.

Toutes les fois que la configuration du sol le permet, il faut s'efforcer d'apprendre le plus pratiquement et de bonne heure au chef de peloton, à l'officier de l'aile et aux flanqueurs à juger le terrain et à mettre sa configuration à profit.

Lorsque les flanqueurs se trouvent hors de portée de l'ennemi, l'officier fait sonner *Cessez le feu!* les flanqueurs s'arrêtent alors face à l'ennemi, et ne se remettent en mouvement qu'à la sonnerie *Commencez le feu!* ou dans le cas où l'ennemi arrive à portée.

Comme les flanqueurs ont, outre le but d'éclairer, celui de couvrir l'escadron et de dérober autant que possible ses mouvements à l'ennemi, le peloton des flanqueurs doit diriger ses mouvements en conséquence, et le chef de peloton doit être instruit à l'occasion des vues du commandant de l'escadron.

Le chef de peloton doit de temps en temps faire relever les flanqueurs, ce qui se fait sans sonnerie. Ceux qui vont relever partent au trot ou au galop comme les premiers flanqueurs. Lorsque les remplaçants sont arrivés sur la ligne des tirailleurs, ceux qui sont remplacés font demi-tour et se retirent au trot à leur peloton; ils remettent l'arme à feu et mettent le sabre à la main. La ligne des flanqueurs peut être, selon les besoins, doublée ou renforcée à volonté; le peloton entier peut même être déployé en flanqueurs; dans ce cas, le commandant de l'escadron doit envoyer en avant un autre peloton comme troupe de soutien. Pour rallier les flanqueurs le commandant de l'escadron fait sonner *Appel!* cette sonnerie est répétée par le trompette qui se trouve avec le peloton de flanqueurs. Les flanqueurs exécutent alors un demi-tour à gauche et retournent à leur peloton au galop de charge; ils replacent en même temps l'arme à feu et mettent le sabre à la main, se couvrant en arrière, s'il est nécessaire; le peloton, sans attendre les flanqueurs, exécute un demi-tour à gauche et vient au trot reprendre sa place dans l'escadron par un second demi-tour à gauche.

Lorsque l'escadron doit se porter en avant avant que le peloton des flanqueurs ait repris sa place, celui-ci fait la conversion nécessaire pour dégager aussitôt le front de l'escadron et règle ses mouvements ultérieurs de manière à protéger le flanc de l'escadron contre une attaque de l'ennemi. Lorsque l'escadron doit marcher en retraite avant que le peloton de flanqueurs ait repris sa place, celui-ci se retire à une allure plus vive, si cela est nécessaire.

Lorsque l'escadron qui a des flanqueurs déployés doit passer un défilé, les deux flanqueurs les plus rapprochés du défilé passent les premiers; ils sont suivis par le sous-officier qui est suivi lui-même par les autres flanqueurs.

Lorsque l'escadron qui a des flanqueurs déployés se retire par un défilé, les flanqueurs des ailes passent les premiers, le sous-officier passe en dernier lieu avec les flanqueurs du centre. Pendant la retraite de l'escadron, le peloton de flanqueurs fait face à l'ennemi.

L'escadron marchant en bataille, on déploie le 4° peloton en flanqueurs comme de pied ferme, le peloton se porte en avant du centre en doublant l'allure.

L'escadron marchant en retraite, au commandement ou à la sonnerie pour déployer les flanqueurs, le chef du 4° peloton commande : *4° peloton — halte!* et dès qu'il a l'espace nécessaire : *demi-tour à gauche, conversion, — au trot!* Il se conforme pour le reste à ce qui est prescrit, l'escadron étant de pied ferme.

L'escadron étant en colonne par pelotons, la droite en tête, le peloton de flanqueurs quitte la colonne par un à gauche par trois si la colonne est de pied ferme, et par une marche oblique individuelle si la colonne est en marche; il se porte ensuite en avant au trot (ou au galop) à la distance déterminée.

L'escadron étant en colonne par pelotons, la gauche en tête et marchant en retraite, à la sonnerie *flanqueurs en avant!* le 4° peloton exécute un demi-tour à gauche.

L'escadron étant en colonne par pelotons, la droite en tête et marchant en retraite à la sonnerie ou au commandement du commandant de l'escadron, le peloton de flanqueurs exécute un demi-tour à droite et longe ensuite la colonne au trot.

A la sonnerie *Appel!* le peloton se place toujours à la queue de la colonne; il reprend sa place lorsqu'on déploie l'escadron.

Lorsqu'au lieu du 4° peloton, on a envoyé un autre peloton en avant en flanqueurs, celui-ci se conforme aux mêmes prescriptions, sauf en ce qui concerne la place qu'il doit reprendre dans l'escadron. Lorsque c'est un des pelotons du centre, le commandant de l'escadron fait boucher la place laissée libre par ce peloton. Lorsque c'est un des pelotons de l'aile droite, à la sonnerie *Appel!* ce peloton exécute un demi-tour à droite, lorsque c'est un des pelotons de l'aile gauche, le peloton exécute un demi-tour à gauche; dans tous les cas, les flanqueurs se retirent par un demi-tour à gauche.

§ 28.

Combat à pied.

La cavalerie peut être dans une situation telle qu'il paraisse nécessaire d'employer une partie du tout à un combat de mousqueterie à pied, sans par là lui rien enlever de son véritable rôle, qui est d'aller avec l'arme blanche à la rencontre de l'ennemi.

Lorsqu'on veut employer un seul peloton (ou plusieurs pelotons) au combat de mousqueterie à pied, le commandant de l'escadron fait l'avertissement (*tel*) ou (*tel et tel*) *peloton, pour le combat à pied, pied à terre!* Le chef du peloton désigné fait alors remettre le sabre, faire haut le fusil et commande *pour le combat à pied, préparez-vous pour mettre pied à terre — pied à terre!* tous les nᵒˢ 3 restent à cheval et reçoivent les rênes du filet des nᵒˢ 1 et 2 passées par-dessus l'encolure. L'officier désigne en outre des hommes pour tenir son cheval, ainsi que ceux des sous-officiers et du trompette. Lorsqu'une escouade est de deux files, le nᵒ 2 reste à cheval; il tient le cheval du nᵒ 1 et celui du sous-officier de l'aile ou du sous-officier serre-file. Un sous-officier serre-file reste avec les chevaux.

Les hommes qui ont mis pied à terre mettent le sabre au crochet, se portent sur un rang à six pas en avant de l'escadron (les hommes du deuxième rang à la gauche de leurs chefs de file) et prennent le fusil. Lorsque la troupe à pied est prête, le chef de peloton désigne l'objectif qu'il faut occuper et commande : *Pour combattre à pied, en avant! — marche!* Lorsque plusieurs pelotons ont mis pied à terre, le plus ancien des chefs de ces pelotons en prend le commandement.

Les deux hommes d'une même file se soutiennent réciproquement; ils restent rapprochés l'un de l'autre, soit à côté l'un de l'autre, soit l'un derrière l'autre; d'après la règle, l'un des deux doit avoir chargé son arme lorsque l'autre fait feu. Dans la marche en avant, celui qui tire doit se trouver en avant de l'autre; dans la marche en arrière, il reste en arrière; le coup parti, tous deux changent de place. L'intervalle entre les files dépend exclusivement du terrain et du but à atteindre; la liaison entre deux files voisines ne doit pourtant jamais être complétement perdue, elles doivent toujours se voir réciproquement. Sous le feu de l'ennemi, il est de la plus grande importance d'utiliser le terrain, afin de se rapprocher de l'ennemi à l'abri et sans être vu jusqu'à bonne portée pour tirer sur lui.

Il est important de montrer aux hommes, dans les exercices, comment des arbres isolés, des fossés, des haies, des buissons et souvent même de petites élévations du sol peuvent être utilisés par eux comme couverts ou pour poser le fusil; on doit principalement leur inculquer comme principe essentiel qu'ils doivent, dans le combat à pied, tirer avec calme et sur un but déterminé.

Lorsque les circonstances le permettent, il est bon de former une réserve en ordre serré avec une partie des hommes qui ont mis pied à terre. Lorsque la ligne de tirailleurs doit être renforcée, le détachement désigné à cet effet s'avance à un pas rapide en s'étendant; chaque file s'introduit dans les intervalles de la ligne déjà formée et se place à l'endroit le plus favorable ou dans une position couverte; la ligne peut aussi, d'après les circonstances, être prolongée à droite ou à gauche. Une ligne de tirailleurs en retraite n'est pas renforcée directement; elle est relevée ou renforcée par une nouvelle ligne détachée de l'escadron et formée en arrière de la première ou sur le côté.

Les hommes à pied obéissent aux sonneries *marche! halte! demi-tour! front! commencer le feu! cesser le feu!* et *appel!* Pour diriger la troupe, les officiers et les sous-officiers se placent derrière la ligne des tirailleurs. La partie de l'escadron qui est à cheval reste, il est vrai, hors de portée du feu ennemi, mais elle se tient assez près pour être constamment prête à soutenir les hommes à pied ; les chevaux en main sont placés, s'il est possible, derrière la troupe à cheval.

La sonnerie *appel!* ou, si cette sonnerie pouvait prêter à confusion, le commandement *aux chevaux!* rappelle la troupe à pied vers les chevaux qui sont, autant que possible, conduits à sa rencontre.

§ 29.

Formation pour l'exercice des armes.

Pour ouvrir l'escadron pour l'exercice des armes, le commandant de l'escadron commande : *Escadron — pour l'exercice des armes, en avant, — marche!* ou : *Escadron — pour l'exercice des armes — au trot! (au galop — marche!)*. Les chefs de peloton, formant une ligne, se portent en avant; ils sont suivis à une longueur de cheval de distance par les sous-officiers des ailes (droite et gauche) qui forment une seconde ligne, de manière que ces sous-officiers se trouvent devant les n°s 1 de la première et de la dernière escouade de chaque peloton. Les sous-officiers sont suivis en troisième ligne, à deux longueurs de cheval de distance, par tous les n°s 1 du premier rang; les n°s 1 de la première et de la dernière escouade prennent pour direction les sous-officiers des ailes. En quatrième ligne, marchent tous les n°s 2 du premier rang, à une distance de deux longueurs de cheval des n°s 1; en cinquième ligne, enfin et de la même manière, tous les n°s 3 du premier rang.

Dans les escouades qui n'ont que deux files, la place du n° 3 reste vacante.

Lorsque le premier rang a rompu, le deuxième rang marche derrière en rompant de la même manière. Derrière le deuxième rang, marchent les sous-officiers serre-files, le premier derrière la première escouade, le deuxième derrière la dernière escouade de chaque peloton. Les officiers serre-files se portent droit devant eux à un pas de distance de la ligne des sous-officiers serre-files.

L'escadron étant ainsi ouvert, le commandant commande : *Escadron, — halte !* Tous les hommes des deux rangs d'une même escouade doivent être exactement en file ; tous les numéros de même ordre doivent être exactement alignés contre eux.

L'exercice des armes est alors exécuté, soit de pied ferme, soit en marchant, comme il est prescrit pour le cavalier dans l'instruction qui en traite.

L'exercice terminé, l'escadron est serré de nouveau. A cet effet, le commandant commande : *Escadron, — en avant, — alignez-vous !* les chefs de peloton s'arrêtent sur place, tous les autres hommes rentrent à leurs places à l'allure à laquelle l'escadron a été ouvert.

Pour l'exercice de la lance, les uhlans se forment d'une manière analogue, avec cette différence, qu'ils rompent par la droite de chaque demi-peloton et non par la droite de chaque escouade.

Les officiers exécutent l'exercice des armes avec la troupe, s'il n'est pas autrement ordonné. Lorsque les uhlans font l'exercice de la lance, les officiers et sous-officiers exécutent les coups de sabre correspondants.

ARTICLE TROISIÈME.

LE RÉGIMENT A CHEVAL.

CHAPITRE VIII.

PRINCIPES PRÉLIMINAIRES.

§ 30.

1. Points de vue généraux.

La formation la plus importante du régiment est en ligne, car c'est dans cet ordre qu'on exécute l'attaque contre l'ennemi, la charge.

La qualité essentielle d'une bonne cavalerie est par conséquent la sûreté la plus complète dans tous les mouvements de front; pourtant on ne trouve que rarement un terrain qui se prête à leur exécution.

Pour se mouvoir sur tous les terrains, particulièrement sur ceux qui sont praticables aux chevaux, la cavalerie doit se servir de l'ordre en colonne.

La meilleure colonne est celle qui donne la plus grande mobilité sur le terrain, sans préjudice de l'ordre, et qui permet le déploiement en ligne le plus rapide et le plus simple.

Les colonnes d'escadrons sont celles qui répondent le mieux à ces exigences. Ces colonnes, dans leurs différentes formations, avec la facilité qu'elles offrent pour se déployer en ligne ou pour passer à un autre ordre

7.

en colonne, forment la base de tous les mouvements en terrain varié de grosses masses de cavalerie, à partir du régiment, ainsi que la disposition la meilleure pour la marche vers l'ennemi avant l'attaque.

Outre les colonnes d'escadrons, la colonne par pelotons est d'une importance particulière pour le passage des défilés et la demi-colonne pour gagner du terrain sur le côté en ligne déployée.

Pour la marche, la colonne par trois ou par deux est d'un emploi commode.

Outre les formations précédentes et le passage d'une formation à une autre, cet article contient un certain nombre d'évolutions qui n'offrent pas les mêmes avantages pour se mouvoir en terrain varié et se préparer à l'attaque et dont l'emploi doit, par conséquent, être très-limité.

Ce sont spécialement les conversions de régiment en ligne (*changements de front*), le passage de la formation en ligne à la formation en colonne de régiment et réciproquement et les mouvements divers dans cet ordre.

Ces évolutions ont cependant, sur le champ de manœuvre et pour la discipline de la troupe, une certaine valeur, car ils exigent une exécution exacte, ainsi que l'attention la plus soutenue de l'homme dans le rang et exercent surtout à un haut degré l'habileté des chefs.

II. Sur la direction.

Les principes posés au chapitre III, § 7, pour l'escadron à cheval sur la direction, le tact des étriers, le pivot fixe et le pivot mouvant et sur les allures sont les mêmes pour le régiment à cheval.

III. Sur les commandements d'avertissement et d'exécution.

Les commandements du commandeur du régiment sont répétés par les commandants d'escadron, dans l'ordre où ils ont été faits.

On doit répéter les commandements promptement et avec ensemble.

Les cas où les commandants d'escadron ne répètent pas les commandements et les cas où ils ont des commandements particuliers à faire sont indiqués à la place même où l'exécution du mouvement est indiquée.

IV. Sur les places du commandeur du régiment de l'officier d'état-major et des commandants d'escadron.

1. D'après la règle, le commandeur du régiment se place, à 60 pas en avant du centre dans l'ordre en bataille et dans l'ordre en colonnes d'escadrons par pelotons, à 40 pas en avant de la tête dans l'ordre en colonne serrée de régiment et dans l'ordre en colonne serrée en masse (*colonnes d'escadrons par pelotons, avec intervalles serrés*), à 60 pas du flanc de la colonne à hauteur du centre, du côté de la direction dans tous les autres ordres en colonne. Néanmoins le commandeur du régiment peut se rendre partout où il juge sa présence nécessaire. D'après la règle, l'adjudant et les trompettes qui l'accompagnent le suivent toujours, excepté lorsqu'il va rectifier l'alignement.

Lorsqu'il commande de pied ferme, le commandeur du régiment doit faire face au régiment.

2. L'officier d'état-major du régiment se place, à 20 pas en arrière du centre dans l'ordre en bataille, à 20 pas de la colonne, à hauteur du centre, du côté

extérieur dans l'ordre en colonne ouverte de régiment, à cinq pas en arrière de la ligne des officiers serre-files dans tous les autres ordres en colonne. Dans la marche en avant pour l'attaque, et dans toutes les manœuvres et tous les exercices exécutés en dehors du champ de manœuvre, sa place est à proximité et à droite du commandeur du régiment, à une longueur de cheval en arrière.

3. Les commandants d'escadron se placent, à 30 pas en avant du centre de l'escadron dans l'ordre en bataille, à 30 pas en avant et à un pas de l'aile intérieure, dans l'ordre en colonne ouverte de régiment, à 20 pas sur le flanc de la colonne du côté de la formation et à 2 pas en avant de la ligne des chefs des peloton de tête dans l'ordre en colonne d'escadrons par pelotons, à deux pas sur le flanc de la colonne du côté de la formation et en avant de la ligne des chefs de peloton de tête dans l'ordre en colonne serrée en masse. Dans la colonne serrée de régiment, le commandant de l'escadron de tête se place à 30 pas en avant du centre de son escadron ; les autres, sur le flanc du côté de la direction, à deux pas en avant de la ligne des chefs de peloton, et à un pas en dehors de l'aile intérieure de l'escadron. Dans tous les autres ordres en colonnes, les commandants d'escadron à 30 pas du flanc, à hauteur du milieu de la colonne. Ils conservent leur place pendant que le commandeur du régiment fait ses commandements.

V. Sur les allures dans les mouvements de serrer et reprendre
les distances, étant en colonne de régiment.

1. — Lorsque la colonne ouverte de régiment est de pied ferme, ou en marche au pas, on serre au trot ;

lorsque la colonne marche au trot ou au galop, on serre à la même allure.

2. — La colonne étant serrée, pour prendre les distances, le mouvement s'exécute au trot lorsque la colonne est de pied ferme ou en marche au pas et à la même allure lorsque la colonne marche au trot ou au galop.

CHAPITRE IX.

FORMATION, DIVISION, ALIGNEMENT.

§ 31.

Formation.

Les cinq ou les quatre escadrons d'un régiment sont placés, de la droite à la gauche, dans l'ordre des numéros qu'ils portent au régiment. Les escadrons conservent entre eux six pas d'intervalle. L'étendard se trouve à la droite du sous-officier de l'aile droite du 3° escadron.

On se conforme pour le reste à ce qui est prescrit au § 8, pour la formation d'un escadron en bataille.

§ 32.

Division en pelotons, par trois et pour mettre pied à terre.

Les escadrons sont divisés en pelotons, en escouades de trois files et par deux, comme il est prescrit au § 9.

§ 33.

Places des officiers, sous officiers et trompettes.

Le commandeur du régiment se place à 60 pas en

avant du centre de la ligne ; l'adjudant à sa gauche à une demi-longueur de cheval en arrière ; l'officier d'état-major du régiment à 20 pas en arrière du centre du régiment (1).

Les commandants d'escadron, les officiers ainsi que les sous-officiers et les trompettes sont placés comme il est prescrit au § 10.

Le trompette d'état-major et un second trompette se placent à côté l'un de l'autre à une longueur de cheval derrière le commandeur du régiment.

§ 34.

Monter à cheval et mettre pied à terre.

Pour faire mettre pied à terre, le commandeur du régiment fait l'avertissement *pied à terre!* et les commandants d'escadron commandent l'exécution du mouvement. Pour faire repos, après avoir mis pied à terre, le commandeur du régiment fait l'avertissement *repos!* et les commandants d'escadron commandent : *Reposez-vous!*

Pour ficher la lance en terre, le commandeur du régiment fait l'avertissement *lances fichées!* et les commandants d'escadron font les commandements d'exécution. Lorsque après avoir mis pied à terre, les rangs doivent être alignés, le commandeur du régiment fait l'avertissement *alignement!* et les commandants d'escadron commandent : *Alignez-vous!*

Pour faire monter à cheval, le commandeur du régi-

______

(1) S'il se trouve au régiment un deuxième officier d'état-major, l'officier d'état-major du régiment se place derrière le centre des 1er et 2e escadrons ; l'officier d'état-major agrégé se place derrière le centre des 3e et 4e escadrons, quelle que soit leur ancienneté relative.

ment commande : *Aux chevaux !* et fait l'avertissement *à cheval !* Les commandants d'escadron répètent le premier commandement, et au dernier ils font leurs commandements d'exécution. Lorsqu'on a monté à cheval, le commandeur du régiment fait l'avertissement *alignement !* et les commandants d'escadron commandent : *Alignez-vous !*

§ 35.

Alignement.

Les principes généraux du § 12, relatifs à l'escadron, sont applicables au régiment.

D'après la règle, le troisième escadron est l'escadron de direction.

Les chefs de peloton des autres escadrons s'alignent sur la ligue des chefs de peloton du 3me escadron, sans que les commandants d'escadron commandent : *Les yeux à droite !* (*gauche !*)

Lorsqu'un autre escadron que le 3me doit être escadron de direction, le commandeur du régiment fait l'avertissement (*tel*) *escadron de direction !* les commandants d'escadron répètent cet avertissement; ils le font aussi lorsque le commandeur du régiment, sans faire l'avertissement, les fait prévenir par des adjudants, des trompettes ou des ordonnances.

Pour aligner, le commandeur du régiment commande : *Alignez-vous !* ce commandement est répété par les commandants d'escadron. Après avoir fait son commandement, le commandeur du régiment peut se porter soit au centre, soit à l'une des ailes pour rectifier l'alignement. Dans les deux cas, les commandants d'escadron se rendent au galop à l'aile de leur escadron opposée à celle vers laquelle s'alignent les chefs de peloton (ou le plus grand nombre des chefs de peloton de l'escadron). Lorsque l'alignement est rectifié, ils se portent de nouveau devant le centre de leur escadron, face en avant.

Pour le repos, le commandeur du régiment commande : *Reposez-vous!* et pour reprendre la manœuvre : *Immobile!* et de suite après : *Alignez-vous!* Ces commandements sont répétés par les commandants d'escadron.

§ 36.

Alignement sur une base déterminée et alignement en arriére.

Au commandement du commandeur du régiment : *Points en avant!* qui n'est pas répété par les commandants d'escadron, les chefs des 3es pelotons des 1er, 3e et 5e escadrons se portent à deux longueurs de cheval en avant pour déterminer la base d'alignement ; ils s'avancent au pas si l'on n'a pas commandé une autre allure. En même temps, les commandants d'escadron avancent de la même longueur que les chefs des pelotons désignés, et font face à l'escadron.

Le commandeur du régiment placé auprès du point central dirige le point d'une des ailes; le 3e point s'aligne de lui-même sur les deux autres; le commandeur peut aussi placer les points en se portant à une aile.

Dès que les points sont alignés, le commandeur du régiment commande : *En avant!* Ce commandement n'est pas répété par les commandants d'escadron. Tous les chefs de peloton se portent alors sur la ligne, à l'allure à laquelle les points s'y sont portés. En même temps l'officier d'état-major se rend à l'une des ailes pour rectifier l'alignement des chefs de peloton.

Dès que la base d'alignement est disposée, le commandeur du régiment commande : *Alignez-vous!* Ce commandement est répété par les commandants d'escadron. Lorsque les escadrons sont à leur distance des chefs de peloton, les commandants d'escadron rectifient l'alignement et retournent aussitôt à leur place.

L'alignement en arrière s'exécute au commandement : *Régiment, — en arrière alignez-vous, — marche!* Le mouvement est arrêté par le commandement : *Halte!*

CHAPITRE X.

MANIEMENT DU SABRE, DE LA LANCE ET DE L'ÉTENDARD.

§ 37.

Les commandements du commandeur du régiment sont les suivants; ils peuvent être remplacés par des sonneries : *Régiment, — sabre — à la main!* (*portez la lance!*) et *régiment, — remettez le sabre!* (*reposez la lance!*). Ces commandements ne sont pas répétés par les commandants d'escadron.

L'adjudant du régiment ne met pas le sabre à la main.

Au commandement : *Immobile!* le porte-étendard tient l'étendard verticalement. Le salut de l'étendard s'exécute en deux temps :

1° temps : laisser descendre la pointe de l'étendard aussi bas que le permet la longueur du bras en tenant l'étendard par la lanière;

2° temps : relever l'étendard verticalement.

Au repos, engager le bras dans la lanière.

CHAPITRE XI.

MOUVEMENTS DU RÉGIMENT.

§ 38.

Marche de front.

Les principes de la marche de front du régiment sont les mêmes que pour l'escadron, § 15.

Lorsqu'on ne doit pas se mettre en mouvement à la sonnerie, le commandeur du régiment commande : *Régiment, en avant — marche !* ou *régiment, — au trot ! (au galop, — marche !)*. Dans le cas où un autre chef de peloton n'a pas été désigné, le chef du 3° peloton de l'escadron de direction détermine l'alignement et la direction.

§ 39.

Marche oblique.

La marche oblique individuelle de toute la ligne ne doit être exécutée qu'exceptionnellement et seulement pour parcourir une courte distance.

Les commandements pour la marche oblique et l'exécution du mouvement sont conformes à ce qui est prescrit au § 16.

§ 40.

Appuyer.

Le régiment entier n'exécute jamais ce mouvement.

§ 41.

Mouvements par trois.

Les mouvements par trois, dans le régiment, ne sont jamais exécutés au sujet de l'inspection.

Il en est de même des mouvements de §§ 42, 43 et 44.

Les commandements pour les mouvements par trois sont les suivants : *Régiment, — à droite (gauche) par trois, — marche! (au pas!)* ou : *Régiment, — demi-tour par trois, — marche! (au pas!)*. Ces commandements ne sont pas répétés par les commandants d'escadron. On exécute ces mouvements et on les termine ou l'on se remet face en tête, comme il est prescrit au § 18.

§ 42.

Marche en colonne par le flanc. Étant en colonne par le flanc, former les escadrons ou les pelotons.

A. *Changement de direction en colonne par le flanc.*

Le commandeur du régiment fait l'avertissement *tête à droite (gauche), conversion!* Le commandant de l'escadron de tête commande : *Tête à droite (gauche), conversion, marche!* et *en avant!* après la conversion. Les autres escadrons suivent le premier sans commandement.

Pour marcher dans une direction contraire à celle que suivait la colonne, sans faire deux changements de direction successifs, le commandeur du régiment commande : *Régiment, — demi-tour par trois, — marche! (au pas!)* et ensuite : *En avant!* si toutefois on ne prend pas une autre allure. Les commandants d'escadron répètent les commandements, et le mouvement s'exécute comme il est prescrit au § 19. A.

B. *Étant en colonne par le flanc, former les escadrons ou les pelotons.*

Le commandeur du régiment commande : *Régiment , — en escadrons (en pelotons) vers la gauche (droite) formez-vous, — au trot ! (au galop — marche !).* Les commandants d'escadron répètent ces commandements, sans dire *en escadrons.*

Ces formations s'exécutent comme il est prescrit au § 19, B. et C.

Si, au lieu de commander la formation, le commandeur du régiment la fait sonner, les commandants d'escadron la commandent aussitôt.

§ 43.

Étant en colonne par le flanc, rompre par trois. — Étant en colonne par trois, former le régiment en colonne par le flanc ou former les escadrons ou les pelotons.

A. *Étant en colonne par le flanc, rompre par trois.*

Le commandeur du régiment fait au commandant de l'escadron de tête l'avertissement *par trois rompez !* celui-ci commande alors la rupture; les autres commandants d'escadron font exécuter successivement le même mouvement.

B. *Changement de direction en colonne par trois.*

Le commandeur du régiment fait l'avertissement pour

changer de direction, et le commandant de l'escadron de tête commande le changement de direction et ensuite : *En avant!* Les autres commandants d'escadron n'ont rien à commander.

Pour marcher dans une direction contraire à celle que suivait la colonne, le commandeur du régiment commande : *Régiment, — demi-tour à droite par trois files, — marche! (au pas!)*. Ces commandements ne sont pas répétés par les commandants d'escadron.

Le mouvement s'exécute comme il est prescrit au § 20, B.

C. *Étant en colonne par trois, former le régiment en colonne par le flanc.*

Le commandeur du régiment commande : *Régiment, — marchez six au trot! (au galop — marche!)*, et les commandants d'escadron répètent le commandement. Lorsque l'escadron de tête a exécuté le doublement, la tête s'arrête ou conserve l'allure à laquelle on marchait, suivant que le mouvement a été exécuté de pied ferme ou en marchant; les autres commandants d'escadron, lorsque la dernière escouade de leur escadron est sur le point d'arriver à sa distance de l'avant-dernière, font prendre l'allure à laquelle le doublement a été exécuté, et serrent à six pas de l'escadron précédent; alors ils font arrêter ou prendre l'allure de la tête.

Le mouvement s'exécute d'ailleurs comme il est prescrit au § 20, C.

D. *Étant en colonne par trois, former les escadrons.*

Le commandeur du régiment commande : *Régiment, —*

en escadrons, vers la gauche (droite) formez-vous ; — au trot! (au galop — marche!). Les commandants d'escacron répètent ces commandements, en laissant de côté les mots *en escadrons.* La formation s'exécute comme il est prescrit au § 20, D.

Au lieu de commander la formation, le commandeur du régiment peut la faire sonner; alors tous les commandants d'escadron la commandent, sans attendre le commandement d'exécution du commandeur.

Après la formation, l'escadron de tête s'arrête ou conserve l'allure à laquelle on marchait, suivant que le mouvement a été exécuté de pied ferme ou en marchant; les autres commandants d'escadron font prendre l'allure à laquelle la formation a été exécutée et serrent à six pas de distance de l'escadron précédent.

E. Étant en colonne par trois, former les pelotons
simultanément.

Le commandeur du régiment commande : *Régiment, — en pelotons, vers la gauche (droite) formez-vous — au trot!* (*au galop — marche!*) et les commandants d'escadron répètent ces commandements. Les pelotons étant formés, les commandants d'escadron commandent : *Serrez!* alors les pelotons se portent en avant aux commandements de leurs chefs, à l'allure à laquelle la formation a été exécutée. Après le mouvement, la tête s'arrête ou conserve l'allure à laquelle on marchait, suivant que la formation a été exécutée de pied ferme ou en marchant; les autres escadrons, dès que leur dernier peloton est près d'arriver à sa distance, prennent, aux commandements de leurs commandants, l'allure à laquelle la formation s'est exécutée et serrent à leur distance de l'escadron précédent; ils s'arrêtent alors ou prennent l'allure de la tête.

F. *Étant en colonne par trois, former les pelotons successivement.*

La formation successive des pelotons ne s'exécute qu'en marchant; le commandeur du régiment fait l'avertissement *formation successive par pelotons!* les commandants d'escadron font successivement l'avertissement, *escadrons, — formation successive par pelotons!*

Le commandant fait ensuite le commandement *franchement en avant*, qui est répété par les commandants d'escadron.

Lorsque le commandeur du régiment fait sonner la formation, les commandants d'escadron la font exécuter de suite, ou successivement si le terrain ne permet pas une formation simultanée; ils font ensuite serrer les pelotons et conduisent leurs escadrons à leur distance de l'escadron précédent.

§ 44.

Étant en colonne par trois, rompre par deux. Étant en colonne par deux, former le régiment en colonne par trois, ou former les escadrons ou former les pelotons.

A. *Étant en colonne en colonne par trois rompre par deux.*

Le commandeur du régiment fait l'avertissement, *par deux rompez!* Le commandant de l'escadron de tête fait exécuter de suite la rupture, et les autres commandants successivement. Le mouvement s'exécute comme il est prescrit au § 21, A.

B. *Changement de direction en colonne par deux.*

Le commandeur du régiment fait l'avertissement de changer de direction et le commandant de l'escadron commande le changement de direction, comme il est prescrit au § 21, B.

On peut aussi faire rétrograder par un demi-tour individuel, comme il est prescrit dans le même paragraphe.

C. *Étant en colonne par deux, former le régiment en colonne par trois.*

Le commandeur du régiment commande : *Régimen marchez trois, — au trot!* (*au galop, — marche!*). Le commandement est répété par les commandants d'escadron.

Dans chaque escadron, le doublement s'exécute comme il est prescrit au § 21, C. Lorsque les escadrons sont par trois, les commandants, excepté celui de l'escadron de tête, font prendre l'allure à laquelle le doublement a été exécuté et serrent à distance de l'escadron précédent; ils font alors arrêter ou prendre l'allure de la tête.

D. *Étant en colonne par deux, former les escadrons ou les pelotons.*

Pour former les escadrons, ou les pelotons, soit simultanément, soit successivement, on se conforme à ce qui est prescrit § 20, D. C. et F, et § 13, D. E. et F.

§ 45.

Conversions de pied ferme et en marche.

Tout ce qui a été dit § 22 sur les conversions en général s'applique aux évolutions de régiment.

A. *Conversion de la ligne* (changement de front). Les conversions du régiment en ligne s'exécutent par escadrons.

Pour exécuter un quart de conversion, étant de pied ferme, le commandeur du régiment commande : *Régiment, — à droite (gauche), conversion, — au trot !* Le commandant de l'escadron de l'aile désignée commande : *Escadron, — à droite (gauche), conversion, — au trot !* Les autres commandants d'escadron commandent : *Escadron, — demi à droite (gauche), conversion, — au trot !* L'escadron de l'aile désignée exécute sa conversion, et lorsqu'elle est terminée, son chef commande : *Halte !* Les autres commandants d'escadron commandent : *En avant !* lorsque le demi à droite (ou à gauche) est exécuté ; lorsque l'aile intérieure de l'escadron est près d'arriver vis-à-vis la place qu'elle doit occuper dans la ligne, ils commandent : *Escadron, — demi à droite (gauche), conversion, — marche !* ensuite : *En avant !* ou *halte !* *les yeux à droite (gauche !)* et *alignez-vous !*

Lorsque le régiment, étant de pied ferme, doit exécuter 1 8 de conversion, le commandeur du régiment commande : *Régiment, — demi à droite (gauche), conversion, — au trot !* Le commandant de l'escadron de l'aile désignée répète le commandement et se conforme à ce qui est prescrit pour le quart de conversion. Les autres commandants font l'avertissement *en avant !* et commandent : *Au trot !* Lorsque l'aile droite (ou gauche) de leur escadron est près d'arriver vis-à-vis la place qu'elle doit occuper dans la ligne, ils commandent : *Escadron, — demi à droite (gauche), conversion, — marche !* ce qui s'exécute comme il est prescrit plus haut.

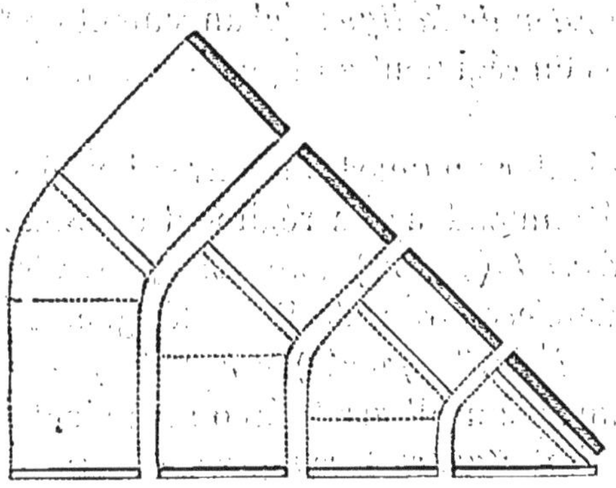

Lorsqu'on est en marche, les conversions s'exécutent suivant les mêmes principes. Lorsque la ligne marche au pas, la conversion est exécutée au trot; lorsque la ligne marche au trot ou au galop, la conversion est exécutée à la même allure. Dans ce dernier cas, lorsque l'escadron pivot a exécuté sa conversion, son commandant lui fait prendre le pas ou le trot. Si cet escadron doit s'arrêter, le commandeur en fait l'avertissement. Les autres escadrons se conforment au mouvement du premier.

Le régiment ayant fait un demi-tour par pelotons, pour exécuter la conversion en ligne, le commandant de l'escadron pivot commande la conversion, et lorsque l'escadron a exécuté la conversion, il commande : *En avant !*

et aussitôt après, il remet l'escadron dans l'ordre naturel par un demi-tour par pelotons; on exécute un demi-tour à droite lorsqu'on a exécuté une conversion en ligne en arrière à droite et un demi-tour à gauche lorsqu'on a exécuté une conversion en ligne en arrière à gauche.

Lorsque après la conversion on doit rester en marche en arrière, le commandeur du régiment doit en prévenir à temps le commandant de l'escadron pivot.

B. *Former la colonne ouverte de régiment et remettre le régiment en bataille par une conversion par escadrons.*

Pour rompre par une conversion par escadrons, le commandeur du régiment commande : *Régiment, — par escadrons à droite (gauche), conversion, — au trot!* (*marche!*). Les commandants d'escadron répètent le commandement en laissant de côté les mots *par escadrons.*

Lorsque dans la rupture de pied ferme un des escadrons ne doit pas converser, mais se porter droit devant lui, le commandement pour converser doit être précédé de celui-ci : 1ᵉʳ (5ᵉ) *escadron, en avant!* L'escadron qui marche droit devant lui règle son allure de manière que les escadrons suivants ne perdent pas leur distance.

Après la rupture, le commandeur du régiment commande : *Halte!* ou *en avant!* il peut aussi commander ou faire sonner une autre allure.

Lorsque l'un des escadrons des ailes n'a pas conversé, mais a marché droit devant lui, et que la colonne doit continuer à marcher, le commandant de l'escadron suivant commande : *Conversion, — marche!* (et *au pas!* s'il y a lieu) pour se mettre en file derrière l'escadron pré-

cédent; lorsqu'il y est arrivé, il commande : *En avant!*
Les autres commandants d'escadron commandent successivement : *Conversion, — marche!* et *en avant!*

Pour se reformer en bataille par une conversion par escadrons, le mouvement s'exécute comme il est prescrit pour la rupture, au commandement : *Régiment, — par escadron à gauche (droite) conversion, — au trot! marche!* Les commandants d'escadron ne répètent pas le commandement, et le mouvement s'exécute comme la rupture.

Après la formation en bataille par conversion, on peut faire les mêmes commandements ou les mêmes sonneries qu'après la rupture.

Le régiment se trouvant en colonne ouverte de régiment, à la sonnerie *front!* on n'exécute pas une conversion par escadron pour se reformer en bataille; dans chaque escadron on exécute un quart de conversion par pelotons de manière à former les colonnes d'escadrons (voir au § 50). Les commandants d'escadron se rendent aussitôt aux places qui leur sont assignées dans cet ordre.

C. *Former la colonne par pelotons et la demi-colonne et remettre le régiment en bataille par une conversion par pelotons.*

Pour rompre par une conversion par pelotons, le commandeur du régiment commande : *Régiment, — par pelotons à droite (gauche, demi à droite, demi à gauche) conversion, — au trot! (marche!).* Les commandants d'escadron répètent les commandements. Lorsqu'au lieu de commander le commandeur fait sonner la rupture, les commandants d'escadron font leurs commandements préparatoires aussitôt qu'ils entendent la sonnerie, ils attendent ensuite le commandement ou la sonnerie d'exécution pour faire leur commandement d'exécution.

Lorsque l'un des pelotons des ailes doit se porter droit devant lui, le commandement : *1er peloton* (*4me peloton du 5e* [*4e*] *escadron*) *en avant!* doit précéder le commandement d'exécution; le commandant du 1er (4e) escadron répète *1er* (*4e*) *peloton en avant!*

Les trompettes exécutent leur mouvement de manière à se trouver du côté de l'aile extérieure, à hauteur du deuxième rang du 1er peloton et à leur intervalle.

Pour se reformer en bataille par une conversion, les commandements sont les mêmes que pour rompre. A la sonnerie *front!* lorsque cette sonnerie remplace les commandements, les pelotons conversent aussitôt.

On se conforme pour le reste à ce qui est prescrit au §. 22, B.

D. *Passer de la demi-colonne à la colonne par pelotons.*

Le commandeur du régiment fait les commandements prescrits au §. 22, C. pour le commandant de l'escadron. Le commandant de l'escadron de tête répète le commandement; les autres commandants d'escadron commandent : *Escadron, — par pelotons demi à droite* (*demi à gauche*) *conversion, — marche! (au trot)!* et répètent le commandement : *En avant!* Les commandements des chefs de peloton et l'exécution du mouvement sont conformes à ce qui est prescrit au §. 22, C.

Pour passer de la demi-colonne à la colonne par pelotons, le commandeur peut faire faire la sonnerie *former la colonne par pelotons !* Dans ce cas, la tête de colonne conserve encore sa direction.

E. *Conversion successive de la colonne ouverte de régiment.*

Le régiment ayant rompu par une conversion par escadrons et se trouvant en colonne ouverte par escadrons, pour changer la direction de la marche le commandeur fait l'avertissement *tête à droite (gauche, demi à droite, demi à gauche) conversion !* Le commandant de l'escadron de tête commande alors : *Escadron — à droite (gauche, demi à droite, demi à gauche), conversion, — marche !* et ensuite : *En avant !* Les autres escadrons conversent successivement sur le même terrain que le premier au commandement : *Conversion, — marche !* de leur chef. Le mouvement s'exécute comme il est prescrit au § 22, A. pour un escadron.

F. *Conversion successive de la colonne serrée de régiment.*

Les avertissements et commandements sont les mêmes qu'en *E.* pour la colonne ouverte. Comme la distance d'un escadron à l'autre est seulement égale au front d'un peloton plus six pas, l'aile intérieure de l'escadron de tête doit décrire son arc de cercle un peu plus grand que pour la colonne ouverte ; les escadrons suivants doivent commencer à temps leur conversion et se conformer à ce qui est prescrit au deuxième rang dans toutes les conversions, c'est-à-dire appuyer vers l'aile marchante.

Lorsque la conversion doit être exécutée de pied ferme, le commandeur du régiment fait précéder l'avertissement pour la conversion du commandement *au trot!* ou il fait sonner cette allure.

La conversion terminée, la tête doit encore se porter en avant d'une longueur égale à la pofondeur de la colonne.

Le régiment étant en colonne serrée de régiment et ayant exécuté un quart de conversion par pelotons, le changement de direction s'exécute comme il est prescrit pour la colonne serrée en masse, dans ce paragraphe en M.

G. *Conversion successive de la colonne par pelotons.*

Le commandeur du régiment fait l'avertissement *tête à droite (gauche, demi à droite demi à gauche) conversion!* Le commandant de l'escadron de tête répète cet avertissement; les chefs de peloton font les commandements prescrits au §. 22, D. Les chefs des pelotons de tête de tous les escadrons qui suivent le premier commandent seulement : *Conversion, — marche!*

H. *Former le régiment en bataille par la conversion successive des escadrons (sur la droite ou sur la gauche en bataille).*

Le régiment étant en colonne ouverte de régiment, de pied ferme, le commandeur du régiment commande : *Régiment sur la droite (gauche) en bataille — au trot!* Le commandant de l'escadron de tête commande : *Escadron à droite (gauche), conversion, — au trot!* puis *en avant!* après la conversion, il se porte encore en avant d'une longueur égale au front d'un peloton, et il commande alors : *Escadron, — halte!* Les autres commandants d'escadron font l'avertissement *en avant !* et répètent le commandement *au trot!* du commandeur du régiment ; lorsque l'aile intérieure de leur escadron est près d'arriver vis-à-vis la place qu'elle doit occuper sur la ligne, ils commandent *escadron à droite (gauche), conversion — marche !* et, après la conversion, *en avant !* A hauteur du deuxième rang de l'escadron précédent, ils commandent : *Escadron, — halte ! les yeux à droite (gauche)! alignez-vous !* au commandement *halte !* les chefs de peloton se portent sur la ligne après s'être arrêtés un instant ; l'escadron les suit au commandement : *Alignez-vous !*

Lorsque le régiment est en marche au pas ou à une allure plus vive, le commandeur du régiment commande : *Régiment, — sur la droite (gauche) en bataille, — au trot !* (*marche !*) Les commandements des commandants d'escadron sont conformes à ceux du commandeur, et le mouvement s'exécute comme il est prescrit de pied ferme.

I. *Former le régiment en bataille par la conversion successive des pelotons.*

Le régiment étant en colonne par pelotons de pied ferme, le commandeur du régiment commande *régiment — sur la droite (gauche) en bataille — au trot !* Le commandant de l'escadron de tête répète le commandement et les chefs de peloton se conforment à ce qui est prescrit au §. 22. E. Les autres commandants d'escadron commandent *escadron — dans le régiment sur la droite (gauche) en bataille — au trot !* Les chefs des pelotons de tête de ces escadrons continuent de marcher droit devant eux, ne tournant que successivement pour se placer sur la ligne dans le régiment.

Lorsqu'on est en marche, les commandements sont analogues à ceux qui sont prescrits lorsque le régiment marche en colonne ouverte par escadrons; le mouvement s'exécute suivant les mêmes principes.

K. *Demi-tours par pelotons.*

Le commandeur du régiment commande : *Régiment,— par pelotons demi-tour à droite (gauche) conversion, — au trot! (marche !)* et les commandants d'escadron répètent le commandement. Lorsque le commandeur fait sonner le demi-tour à droite par pelotons, les commandants d'escadron commandent de suite un demi-tour à droite par pelotons, mais ne font le commandement d'exécution *au trot!* qu'à la sonnerie d'exécution.

Pour remettre le régiment dans l'ordre naturel, le commandeur commande un demi-tour, ou il fait sonner *front!* Dans ce dernier cas, les pelotons exécutent aussitôt un demi-tour à droite sans commandement.

L. *Conversion des colonnes d'escadrons.*

La conversion des colonnes d'escadrons s'exécute d'une manière analogue à celle du régiment en ligne. Le commandeur du régiment fait l'avertissement *régiment — à droite (gauche, demi à droite, demi à gauche) conversion!* Le commandant de l'escadron placé à l'aile intérieure (pivot) fait l'avertissement *tête — à droite (gauche, demi à droite, demi à gauche) conversion!* Les commandements des chefs de peloton et l'exécution du mouvement sont conformes à ce qui est prescrit au § 22, D.

Lorsque l'escadron de l'aile intérieure a exécuté son quart de conversion, son chef commande : *Escadron, — halte !* (*au pas !*) Les autres commandants d'escadron font l'avertissement *tête demi à droite* (*demi à gauche*) *conversion !* et ensuite *en avant !* et marchent dans cette direction jusqu'à ce qu'ils soient près d'arriver vis-à-vis de la place qu'ils doivent occuper, à hauteur de l'escadron pivot. Ils font alors exécuter un second changement de direction demi à droite (ou demi à gauche) et lorsqu'ils arrivent à hauteur de l'escadron pivot, ils commandent : *Escadron — halte ! les yeux à droite !* (*gauche !*) *alignez-vous !*

Lorsque l'escadron pivot a continué de marcher, chacun des autres escadrons dépasse le front des escadrons déjà en ligne d'une longueur de cheval et prend alors l'allure de ces escadrons. Lorsque la conversion est exécutée après qu'on vient de faire un demi-tour par pelotons, les commandants d'escadron doivent alors se porter en avant du peloton de tête. Lorsque après cette conversion, le régiment doit continuer à marcher en arrière, il faut prévenir à temps le commandant de l'escadron de l'aile intérieure ; autrement, on se remet aussitôt face en tête par un demi-tour par pelotons.

M. *Conversion de la colonne serrée en masse.*

Le commandeur du régiment fait l'avertissement *régiment, — à droite* (*gauche, demi à droite, demi à gauche*) *conversion !* Les commandants des escadrons font l'avertissement *tête, — dans le régiment, à droite* (*gauche, demi à droite, demi à gauche) conversion !* Les pelotons de tête exécutent la conversion comme une ligne aux commandements de leurs chefs : *dans le régiment, —à droite (gauche, demi à droite, demi à gauche) conversion — marche !* Les autres pelotons suivent successivement au commandement de leur chef : *Conversion, — marche !*

Pour l'exécution, mêmes principes que pour la colonne serrée de régiment en F. de ce paragraphe.

§ 46.

Le régiment étant en colonne par pelotons, le former en ligne. Faire rompre des pelotons.

A. *Le régiment étant en colonne par pelotons, le former en ligne.*

Le commandeur du régiment commande : *Régiment, — vers la gauche (droite) formez-vous — au trot! (marche!)* Les commandants d'escadron répètent le commandement ; tous, sauf celui de l'escadron de tête, font précéder leur commandement des mots *dans le régiment.*

Lorsqu'au lieu de commander la formation, le commandeur du régiment fait sonner *le déploiement!* On se forme vers la gauche lorsqu'on a la droite en tête et vers la droite lorsqu'on a la gauche en tête.

On se conforme pour le reste à ce qui est prescrit au § 23, D.

B. *Faire rompre des pelotons et les remettre en ligne.*

Lorsque des pelotons doivent être retirés de la ligne, soit pour faire place à d'autres troupes, soit à cause d'obstacles du terrain, on se conforme à ce qui est prescrit au § 23, E.

§ 47.

Étant en colonne de régiment, rompre par pelotons. Étant en colonne par pelotons, rompre par trois, par deux, par un et former les escadrons ou les pelotons.

A. *Étant en colonne ouverte de régiment, rompre par pelotons.*

Le commandeur du régiment commande : *Régiment, — dans chaque escadron, par la droite (gauche) par pelotons rompez, — au trot! (au galop — marche!)* Les commandants d'escadron répètent le commandement et les chefs de peloton se conforment, dans chaque escadron, à ce qui est prescrit au § 23, A.

Si au lieu de commander, le commandeur fait sonner *formation de la colonne par pelotons!* les commandants d'escadron font de suite leurs commandements, sans attendre de commandement d'exécution. Ils font rompre par le 1er peloton lorsque le 1er escadron est en tête, par le 4e peloton lorsque le 5e (4e) escadron est en tête.

B. *Étant en colonne serrée de régiment, rompre par pelotons.*

Le commandeur du régiment fait l'avertissement : *Régiment, — dans chaque escadron, successivement par la droite (gauche) par pelotons rompez!* Le commandant de l'escadron de tête fait de suite les commandements nécessaires, et les autres escadrons suivent successivement. Lorsqu'on est en marche, les autres commandants d'escadron commandent : *Halte!* aussitôt que le commandant de l'escadron de tête fait son commandement d'exécution pour la rupture.

Les commandants d'escadron se comportent de la même manière lorsque, au lieu de commander la rupture, le commandeur fait sonner *formation de la colonne par pelotons!*

Le régiment étant en colonne serrée de régiment, et ayant exécuté un à droite ou un à gauche par pelotons, pour le rompre en colonne par pelotons, le commandeur du régiment commande : *Régiment, — par escadrons, par la droite (gauche) rompez — marche! (au trot! ou au galop — marche!).* Le commandant de l'escadron de l'aile droite (gauche) fait l'avertissement *en avant!* et lorsque la colonne est de pied ferme, il répète le commandement d'exécution du commandeur du régiment. Les autres commandants d'escadron commandent : *Halte!* s'il est nécessaire et ensuite *oblique à droite (gauche) — au trot! (au galop — marche!).* Lorsque le commandeur fait sonner la formation de la colonne par pelotons, c'est toujours le 1er escadron qui prend la tête lorsqu'on a fait pelotons à droite avant le mouvement, et c'est toujours le 5e (4e) escadron qui prend la tête, lorsqu'on a fait pelotons à gauche avant le mouvement, quel que soit d'ailleurs l'escadron qui était en tête de la colonne serrée.

C. *Étant en colonne par pelotons, former la colonne de régiment.*

La formation peut être simultanée ou successive. Dans le premier cas, le commandeur du régiment commande : *Régiment, — en escadrons, vers la gauche (droite) formez-vous; — au trot! (au galop — marche!).* Dans le dernier cas, il fait l'avertissement *formation successive des escadrons !*

Pour la formation simultanée, les commandants d'escadron répètent le commandement : *Escadron, — vers la gauche (droite) formez-vous, — au trot ! (au galop — marche !).* Si, au lieu de commander, le commandeur fait sonner la formation, les commandants d'escadron commandent de suite l'exécution.

Dans la formation successive, le commandant de l'escadron de tête commande de suite la formation en doublant l'allure ; les escadrons suivants se forment successivement sur le même terrain que le 1er.

Lorsque le commandeur se place à l'endroit où la formation successive doit s'exécuter, chaque commandant d'escadron se rend auprès du commandeur, du côté extérieur, et fait son commandement d'exécution lorsque le 3e peloton de son escadron arrive à sa hauteur.

Ces formations s'exécutent comme il est prescrit au § 23, D.

D. *Étant en colonne par pelotons, rompre par trois, par deux et par un.*

Le mouvement s'exécute à l'avertissement du commandeur du régiment et du commandant de l'escadron désigné comme il est prescrit § 24, A. C. E. et G.

E. *Étant en colonne par trois, par deux ou par un, former les escadrons ou les pelotons.*

La formation simultanée ou successive des escadrons ou des pelotons s'exécute suivant les principes prescrits au chapitre VI.

§ 48.

Former la colonne serrée de régiment. Le régiment étant en colonne serrée de régiment, le former en ligne. (Déploiement.)

A. *Le régiment étant en ligne, le former en colonne serrée de régiment, en arrière d'une des ailes.*

Le commandeur du régiment commande : *Régiment, — à droite (gauche) en colonne par escadrons, — marche!* Le commandant de l'escadron de l'aile désignée fait l'avertissement *en avant!* et répète le commandement d'exécution *au trot!* il s'avance avec son escadron d'une longueur égale au front d'un peloton plus neuf pas, et commande : *Escadron — halte!*

Les autres commandants d'escadron commandent : *Escadron, — à droite (gauche) par trois, — marche!* et *au trot!* après la conversion par trois, ou *oblique à droite (gauche), — au trot!* s'ils ont à obliquer; ensuite : *Escadron, — en avant!* lorsqu'ils ont gagné l'espace nécessaire pour se trouver, après le mouvement *front!* à une distance de l'escadron précédent égale au front d'un peloton plus six pas; ils laissent passer leur escadron, s'arrêtant de leur personne à hauteur de l'aile gauche de l'escadron précédent lorsqu'on se forme à droite et à hauteur de l'aile droite de l'escadron précédent lorsqu'on se forme à gauche; lorsque la dernière escouade arrive à leur hauteur, ils commandent, en faisant face à l'escadron : *Escadron — front! halte!*

Dans la colonne serrée de régiment, les sous-officiers serre-files, à l'exception de ceux du dernier escadron, se placent aux ailes droites et gauches de leur peloton, à hauteur du deuxième rang; les officiers serre-files se portent sur l'ancienne ligne des sous-officiers serre-files; les wachtmeister restent sur cette ligne.

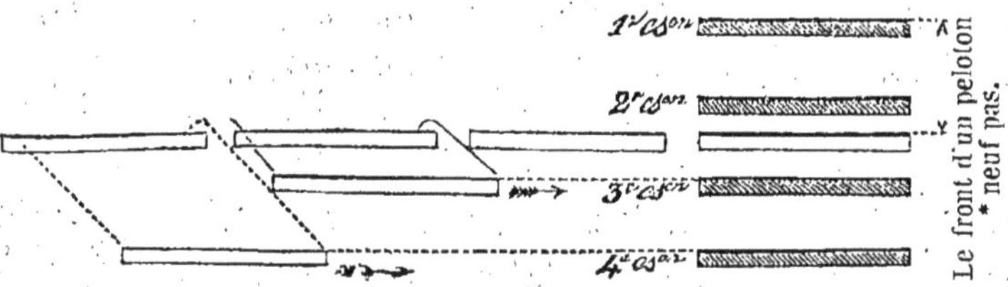

Le 1er escadron se porte en avant d'une longueur égale au front d'un peloton * neuf pas. Le 2e exécute un à droite par trois, se porte en avant et fait front par un à gauche par trois. Les 3e 4e escadrons exécutent un à droite par trois, une marche oblique individuelle, se redressent et font front par un à gauche par trois.

B. *Le régiment étant en ligne, le former en colonne serrée de régiment, en avant d'une des ailes.*

Le commandeur du régiment commande : *Régiment,* — *la droite (gauche) en tête, en avant de l'aile gauche (droite), en colonne par escadrons,* — *marche!* Le commandant de l'escadron de l'aile désignée fait l'avertissement

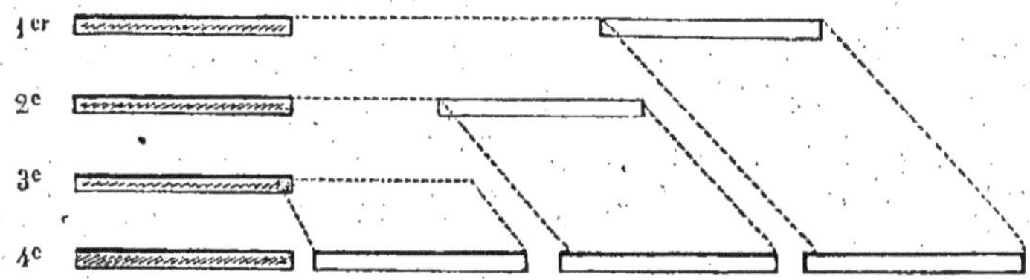

Le 4e escadron ne bouge pas. Les autres exécutent un à gauche par 3, une marche oblique individuelle, se redressent successivement et font front par un à droite par 3.

ne bougez pas! Les autres commandants d'escadron commandent : *Escadron,* — *à gauche (droite) par trois,* — *marche!* ensuite : *Oblique à droite (gauche), au trot!* et enfin : *Escadron,* — *en avant!* puis : *Escadron,* — *front! halte!*

C. *Étant en colonne ouverte de régiment, former la colonne serrée en serrant les distances.*

Le commandeur du régiment commande : *Régiment,* — *serrez,* — *au trot!* (*marche!*) ou il fait sonner le mouvement. Lorsque le mouvement s'exécute de pied ferme, le commandant de l'escadron de tête commande : *Ne bougez pas!* Les autres commandants d'escadron commandent *Escadron,* — *au trot!* puis : *Escadron,* — *halte!* lorsque leur escadron est à une distance de l'escadron précédent égale au front d'un peloton plus six pas. Lorsqu'on est en marche, le commandant de l'escadron de tête commande: *Escadron,* — *halte!* les autres commandants d'escadron commandent : *Escadron,* — *au trot!* si l'on marche au pas, et font l'avertissement *en avant!* si l'on marche au trot ou au galop. Ils se conforment d'ailleurs à ce qui est prescrit la colonne étant de pied ferme.

D. *Le régiment étant en colonne serrée de régiment, le former en ligne (déploiement).*

La colonne étant de pied ferme, le commandeur du régiment commande : *Régiment,* — *à gauche (droite) déployez-vous,* — *au trot!* ou il fait faire la sonnerie du déploiement qu'il fait suivre de la sonnerie ou du commandement d'exécution. Le commandant de l'escadron de tête fait l'avertissement *ne bougez pas!* et aligne son escadron. Les autres commandants d'escadron commandent : *Escadron, — par pelotons à gauche (droite) conversion, — au trot!* après la rupture, ils restent de pied ferme ou ils accompagnent leur escadron, à hauteur de la tête, du côté de la direction, jusqu'à ce qu'ils soient arrivés à la place où ils doivent faire le commandement pour remettre l'escadron face en tête ; ils s'arrêtent alors ; pendant que leur colonne passe devant eux, ils commandent, faisant face à l'escadron : *Escadron, — par pelotons à droite (gauche), conversion,* et ils commandent *marche!* lorsque leur escadron a gagné son intervalle. Au commandement suivant : *En avant!* ils se rendent diagonalement, en doublant l'allure, en avant de la nouvelle ligne. Ils font face à l'escadron qui s'avance, s'arrêtent et commandent : *Escadron, — halte! les yeux à droite (gauche!) alignez-vous!* ils se portent alors à l'aile de l'escadron, rectifient l'alignement, et se rendent de suite à leur place devant le centre de l'escadron.

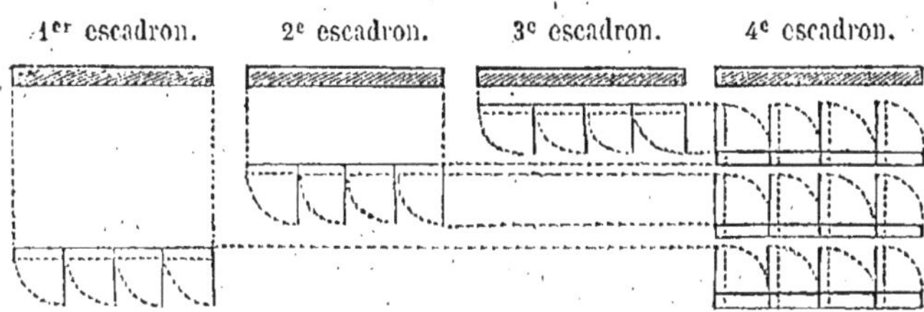

Le 1er escadron ne bouge pas. Les autres escadrons rompent par pelotons à gauche, se portent en avant, se reforment par pelotons à droite et se portent en ligne.

Lorsqu'au lieu de commander, on a fait sonner le déploiement, les commandants d'escadron font leur commandement de manière à se déployer à gauche lorsqu'on a la droite en tête et à droite lorsqu'on a la gauche en tête.

Lorsque la colonne est en marche, le commandeur du régiment commande : *Régiment, — à gauche (droite) déployez-vous, — au trot! (marche!)* Le commandant de l'escadron de tête commande alors : *Escadron, — halte!* les autres commandants d'escadron commandent : *Escadron, — par pelotons à gauche (droite) conversion, — au trot! (marche!)*] et le reste du mouvement s'exécute comme de pied ferme.

Lorsqu'on a fait sonner le déploiement, l'escadron de tête ne s'arrête qu'à la sonnerie ou au commandement d'exécution.

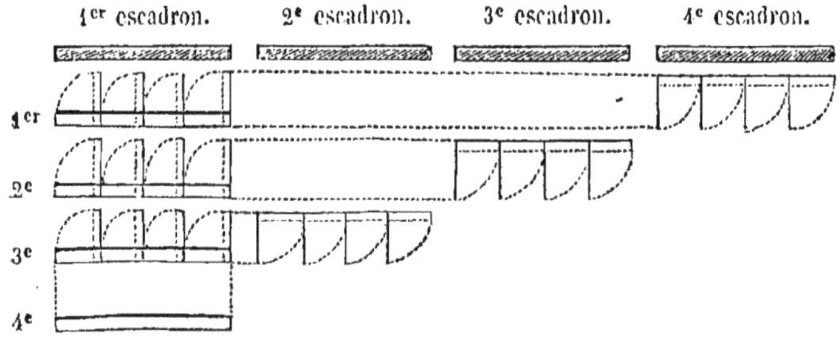

Le 4e escadron se porte en avant sur la nouvelle ligne établie à une distance de la 1re égale à une fois et demie le front d'un peloton. Les autres escadrons rompent par pelotons à droite, se portent en avant, se reforment successivement par pelotons à gauche et se portent en ligne.

Lorsqu'un régiment en colonne la droite en tête doit être déployé à droite, sans être inversé (ou inversement), le commandeur du régiment commande : *Régiment, — sur le 5e (4e ou 1er) escadron à droite (gauche), déployez-vous, — au trot!* Le commandant de l'escadron de queue fait l'avertissement *ne bougez pas!* Les commandants des autres escadrons commandent : *Escadron, — par pelotons à droite (gauche), conversion, — au trot!*

Lorsque le front du dernier escadron est libre, son commandant commande : *Escadron, — au trot!* il se porte en avant jusqu'à ce que l'escadron ait dépassé l'ancien front d'une longueur égale à une fois et demie le front d'un peloton et il commande alors : *Escadron, — halte! alignez-vous!* Les autres commandants d'escadron font les commandements analogues à ceux qui sont prescrits pour se déployer sur l'escadron de tête.

Comme les circonstances peuvent exiger qu'une colonne ayant la droite en tête soit déployée à droite sans que l'on puisse conserver l'ordre des numéros des escadrons, on doit aussi exercer le régiment à se déployer de cette façon. Dans ce cas, lorsque le régiment a la droite en tête, le commandeur commande : *Régiment, — à droite déployez-vous, — au trot! (marche!).* Le commandant de l'escadron de tête fait alors l'avertissement *ne bougez pas!* ou il commande: *Halte!* les autres escadrons rompent par pelotons à droite et se conforment à ce qui est prescrit pour le déploiement à droite.

Pour se déployer sur l'un des escadrons du centre, ce qui ne peut se faire que de pied ferme, le commandeur du régiment commande : *Régiment, — sur (tel) escadron à droite et à gauche (à gauche et à droite) déployez-vous, — au trot!* Les escadrons placés en avant de l'escadron de formation rompent par pelotons à droite (ou à gauche), ceux qui sont derrière rompent par pelotons à gauche (ou à droite) et se conforment ensuite aux règles indiquées plus haut. L'escadron sur lequel on se déploie reste de pied ferme jusqu'à ce que son front soit libre ; il s'avance alors et s'arrête lorsqu'il a dépassé l'ancien front d'une distance égale à une fois et demie le front d'un peloton.

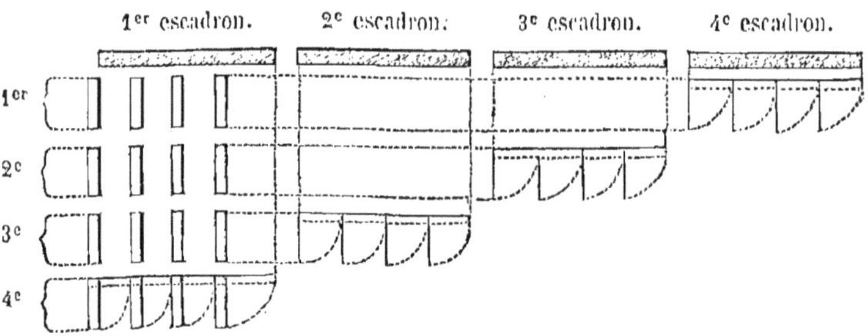

On se déploie toujours sur le 4e escadron, lorsqu'on exécute une marche de flanc à droite et toujours sur le 1er escadron, lorsqu'on exécute une marche de flanc à gauche, que la colonne ait eu primitivement la droite ou la gauche en tête.

Lorsque la colonne serrée de régiment exécute une marche de flanc, c'est-à-dire lorsqu'elle a exécuté un à droite ou un à gauche par pelotons, à la sonnerie ou au commandement du déploiement, on se déploie toujours sur le 5e (4e) escadron lorsqu'on a rompu par pelotons à droite, et sur le 1er escadron lorsqu'on a rompu par pelotons à gauche, quel que soit l'escadron qui avait la tête avant la rupture. L'escadron sur lequel on se déploie fait de suite face en tête par une conversion par pelotons; les autres escadrons continuent de se porter droit devant eux jusqu'à ce qu'ils soient arrivés vis-à-vis leur place; ils conversent alors par pelotons au commandement de leur commandant. Dans ce cas, la sonnerie du déploiement n'est pas suivie de la sonnerie ou du commandement d'exécution; les commandants d'escadron font de suite leur commandement d'exécution. Pour le reste, on se conforme à ce qui est prescrit plus haut.

9.

§ 49.

Le régiment étant en colonne serrée de régiment, le former en colonne ouverte (prendre les distances). Le régiment étant en colonne ouverte de régiment, former le régiment en ligne.

A. *Ouvrir la colonne serrée de régiment.*

Le commandeur du régiment commande : *Régiment, — en avant prenez les distances, — au trot! (marche!)*. Lorsque la colonne est de pied ferme, le commandant de l'escadron de tête commande : *Escadron, — au trot!* les autres commandants d'escadron font l'avertissement *ne bougez pas!* et lorsque leur escadron se trouve à une distance de l'escadron précédent égale au front d'un escadron plus six pas, ils commandent : *Escadron, — au trot!*

Lorsque la colonne marche au pas, le commandant de l'escadron de tête fait le même commandement que de pied ferme; lorsque la colonne marche à une allure plus rapide, il fait l'avertissement *en avant!* dans les deux cas, les commandants des autres escadrons commandent : *Escadron, — halte!* et lorsqu'ils ont leur distance, ils font prendre l'allure de l'escadron de tête.

B. *Le régiment étant en colonne ouverte de régiment, le former en ligne.*

Le régiment étant de pied ferme, le commandeur du régiment commande : *Régiment, — vers la gauche (droite) formez-vous, — au trot!*

Le commandant de l'escadron de tête fait l'avertissement *en avant!* et commande : *Au trot!* Les autres commandants d'escadron commandent : *Escadron, — oblique à gauche (droite), — au trot!*

Lorsque l'escadron de tête a avancé d'une longueur égale à son front, son chef commande : *Escadron, — halte!* Lorsque les autres escadrons ont gagné leur intervalle, leurs chefs commandent : *Escadron, — en avant!* à hauteur du deuxième rang de l'escadron précédent, ils commandent : *Escadron, — halte! les yeux à droite! alignez-vous!* Au commandement : *Halte!* les chefs de peloton se portent sur la ligne.

Lorsqu'au lieu de commander, on fait sonner le déploiement, les commandants d'escadron font de suite leurs commandements, sans attendre le commandement d'exécution du commandeur.

Lorsqu'on est en marche au pas, la formation s'exécute suivant les mêmes principes; l'escadron de tête s'arrête au commandement de son commandant après avoir avancé d'une longueur égale à son front; les autres se portent au trot sur la ligne. Lorsque la colonne marche au trot ou au galop, le commandement d'exécution pour la formation est *marche!* la tête s'arrête également après avoir avancé d'une longueur égale au front d'un escadron; les autres escadrons se portent en ligne à la même allure.

§ 50.

Former les colonnes d'escadrons. Le régiment étant en colonnes d'escadrons, le former en ligne. Former la colonne serrée en masse. Passer des deux ordres en colonne précédents à la colonne par pelotons.

A. *Le régiment étant en ligne, le former en colonnes d'escadrons et inversement.*

Le régiment étant de pied ferme ou en marche, soit en avant, soit en arrière, le commandeur du régiment commande : *Régiment, — dans chaque escadron, par la droite par pelotons, rompez, — au trot! (marche!) (au galop — marche!)*. Les commandants d'escadron commandent alors : *Escadron, — par la droite par pelotons rompez, — au trot! (marche!) (au galop — marche!)*

Lorsqu'au lieu de commander, le commandeur fait sonner *formation des colonnes d'escadrons!* les commandants d'escadron commandent aussitôt, sans attendre la sonnerie d'exécution.

Lorsque, exceptionnellement, les colonnes d'escadron doivent être formées sur place, le commandeur du régiment commande : *Régiment, — dans chaque escadron, par la droite en colonne par pelotons, — marche!* Les commandants d'escadron commandent alors : *Escadron, — par la droite en colonne par pelotons, à droite par trois, — marche! — au trot!* Les chefs de peloton font les commandements prescrits au § 25.

Les commandants d'escadron conservent les places qui leur sont assignées dans les colonnes d'escadrons, jusqu'à ce qu'on prenne une autre formation, quand bien même on exécute un à droite (à gauche, demi à droite, demi à gauche) ou un demi-tour par pelotons.

Le régiment étant en colonnes d'escadrons et ayant exécuté une conversion par pelotons (à droite, à gauche ou demi-tour), à la sonnerie *front !* on doit toujours reformer les colonnes d'escadrons.

Le régiment étant en colonnes d'escadrons, pour le former en ligne, le commandeur du régiment fait sonner *déploiement !* ou il fait l'avertissement *formez-vous !* Les commandants d'escadron font aussitôt les commandements nécessaires pour la formation vers la gauche, même dans le cas où les colonnes d'escadrons ont la gauche en tête. (Par exemple, si, le régiment étant en colonne ouverte de régiment, on a exécuté un à gauche par pelotons.)

Lorsque la formation ne doit être exécutée ni à la sonnerie, ni à l'avertissement, le commandeur du régiment commande : *Régiment, — vers la gauche (droite) formez-vous, — au trot ! (au galop — marche !).*

Les colonnes d'escadrons ayant exécuté un demi à droite (ou un demi à gauche) par pelotons, ou bien les têtes des escadrons ayant exécuté un changement de direction demi à droite (ou demi à gauche) (ce qui s'exécute à l'avertissement du commandeur du régiment, des commandants d'escadron et au commandement des chefs de peloton), à la sonnerie *formation des escadrons !* les escadrons se forment aussitôt, au commandement de leur chef, vers le côté vers lequel on oblique. Si on fait ensuite sonner le déploiement, la formation en ligne s'exécute comme il est prescrit pour la colonne ouverte de régiment.

B. *Le régiment étant en colonne par pelotons, ou en colonne de marche par trois, le former en colonnes d'escadrons.*

Le régiment étant en colonne par pelotons, pour former les colonnes d'escadrons, le commandeur du régiment fait l'avertissement *formez les colonnes d'escadrons !* ou il fait sonner la formation.

Le commandant de l'escadron de tête fait l'avertissement *en avant !* et porte son escadron en avant, à la même allure ou au trot si la colonne est de pied ferme, d'une longueur égale au front d'un escadron ; il fait alors passer au pas ou arrêter.

Les autres commandants d'escadron font l'avertissement *tête demi à gauche (droite) conversion !* et chacun d'eux conduit son escadron à sa place dans le régiment en commandant : *Tête demi à droite (gauche) conversion !* dès que l'escadron a gagné l'intervalle nécessaire avec l'escadron voisin ; il commande ensuite : *Escadron, — au pas ! (halte !)*.

Le régiment étant en colonne de marche par trois, à la sonnerie ou à l'avertissement *formez les colonnes d'escadrons !* on fait former les pelotons dans chaque escadron, et chacun d'eux se porte ensuite en ligne.

Si le terrain ne permet pas aux escadrons de se porter en même temps en ligne, la formation se fait successivement.

C. *Former les colonnes d'escadrons en ouvrant les intervalles.*

Le régiment étant en colonne serrée de régiment et ayant exécuté un quart de conversion par pelotons, ou le régiment étant en colonne serrée en masse, et en marche, pour former les colonnes d'escadrons, le commandeur du régiment fait l'avertissement ou fait faire la sonnerie *formez les colonnes d'escadrons !* Le commandant de l'escadron de direction, par conséquent le 3ᵉ, s'il n'en a pas été désigné un autre, commande aussitôt : *En avant !* ou : *Au trot !* et se porte droit devant lui au trot avec son escadron. Les autres escadrons exécutent une marche oblique individuelle au trot jusqu'à ce qu'ils aient gagné leur intervalle et se redressent ensuite pour se porter en ligne. Le commandant de l'escadron de direction commande *au pas !* dès que le commandement *en avant !* est fait aux escadrons voisins (ou à l'escadron voisin, si l'escadron de direction est à l'une des ailes).

Lorsque le régiment est de pied ferme, pour ouvrir les intervalles, l'escadron de direction se porte en avant d'une longueur égale au front d'un peloton plus six pas; tous les autres escadrons exécutent un quart de conversion par pelotons et se portent en avant pour gagner leur intervalle ; ils font ensuite face en tête par un autre quart de conversion par pelotons.

D. *Le régiment étant en colonnes d'escadrons, former la colonne serrée en masse en serrant les intervalles.*

Les colonnes d'escadrons étant en marche, le commandeur du régiment fait l'avertissement *régiment, — serrez les intervalles !* On serre les intervalles comme on les a ouverts. Pour serrer les intervalles de pied ferme, on exécute un quart de conversion par pelotons, on serre et on se remet face en tête.

E. *Le régiment étant en colonne par pelotons, former la colonne serrée en masse.*

Le commandeur du régiment fait l'avertissement *régiment, — têtes des escadrons, avancez!*

Le commandant de l'escadron de tête se comporte comme dans la formation des colonnes d'escadrons ; les autres commandants d'escadron commandent : *Oblique à droite (gauche), — marche! (au trot!)* et ensuite *en avant!* lorsqu'ils ont six pas d'intervalle entre leur escadron et le précédent; ils portent ensuite leur escadron à hauteur du précédent.

F. *Le régiment étant en colonnes d'escadrons ou en colonne serrée en masse, former la colonne par pelotons.*

Le régiment étant en colonnes d'escadrons, pour le former en colonne par pelotons sans exécuter auparavant un quart de conversion par pelotons, le commandeur du régiment fait l'avertissement *régiment, — dans chaque escadron tête à droite (gauche) conversion!* Dans le cas où l'un des escadrons des ailes doit conserver sa direction, le commandeur du régiment commande : *Régiment, — le 1ᵉ (5ᵉ ou 4ᵉ) escadron en avant — dans chaque escadron, tête à droite (gauche) conversion!* Les commandants d'escadron font les avertissements et les chefs de peloton les commandements nécessaires.

Le régiment étant en colonne serrée en masse, pour le former en colonne par pelotons, on se conforme à ce qui est prescrit le régiment étant en colonne serrée de régiment et ayant exécuté un à droite ou un à gauche par pelotons, § 47, B.

§ 51.

L'attaque (*La charge*).

A. *Attaque en ligne*.

Pour l'attaque exécutée par le régiment en ligne, on se conforme aux principes prescrits au § 26 pour un escadron.

Lorsque l'attaque se fait contre l'infanterie, on doit faire au moins 600 pas au galop de charge ; il faut donc commencer l'attaque à 700 pas au moins de l'ennemi.

Pour commencer l'attaque, le commandeur du régiment commande : *Régiment, — pour l'attaque* (*croisez la lance*), *en avant, — marche!* en même temps les trompettes sonnent la marche. L'étendard se porte en même temps à hauteur du deuxième rang, et reste pendant l'attaque à l'aile droite de l'escadron.

Les commandants d'escadron répètent le commandement et tous les trompettes répètent la sonnerie. Les allures plus vives sont indiquées par le commandeur au moyen de sonneries qui sont répétées par les trompettes des escadrons. Pour faire prendre le galop de charge, le commandeur commande : *Marche! marche!* et les commandants d'escadron répètent ce commandement. Le commandeur peut aussi faire sonner la charge ; alors les commandants d'escadron commandent : *Marche! marche!*

L'attaque terminée, le commandeur fait passer à une autre allure au moyen de la sonnerie ou, par exception,

 RÈGLEMENT D'EXERCICES

il fait arrêter, ce qui s'exécute au commandement et à la sonnerie.

B. *Attaque avec des fourrageurs* (1).

Dans les cas où l'escadron isolé attaquerait avec un peloton en fourrageurs, le régiment exécute l'attaque avec un escadron en fourrageurs.

Le commandeur du régiment commande : (*tel*) *Escadron, en fourrageurs — marche! marche!* Le commandant de l'escadron désigné commande : *En fourrageurs — marche! marche!* L'escadron se porte en avant en ligne dispersée, comme il est prescrit au § 26, D. avec cette différence que le 3° peloton se disperse également. A la sonnerie *appel!* l'escadron se conforme à ce qui est prescrit au 4° peloton, chaque cavalier exécutant un demi-tour à gauche et revenant au galop de charge. Lorsque c'est un des escadrons de l'aile droite, ou l'escadron du centre qui est en fourrageurs, à la sonnerie *appel!* la troupe se retire par l'aile droite du régiment ; lorsque c'est un des escadrons de l'aile gauche, elle se retire par l'aile gauche du régiment ; on se retire sans avoir égard à sa place dans le régiment et sans ordre ; l'intervalle que l'escadron a laissé vide a dû être bouché par les escadrons voisins ; là, l'escadron rallié continue l'attaque en ligne avec le régiment. Lorsque le 3° es-

(1) Lorsque l'attaque est exécutée sur un terrain inconnu, on doit envoyer en avant des officiers pour le reconnaître.

Lorsque le régiment se trouve en face de l'ennemi, sans être soutenu en arrière par une deuxième ligne, on ne doit pas exécuter l'attaque avec tout le régiment en ligne, mais il faut laisser une partie du régiment en deuxième ligne.

cadron charge en fourrageurs, l'étendard se place à la gauche du 2e escadron.

Aussitôt que les circonstances le permettent, le commandant de l'escadron fait remettre son escadron en ordre.

Lorsque l'escadron ne doit pas rentrer, mais envoyer des flanqueurs en avant, le commandeur du régiment fait sonner *halte!* à l'escadron dispersé et ensuite *flanqueurs en avant!* l'escadron se rassemble aussitôt et le 4e peloton se porte en avant en tirailleurs, aux commandements ordinaires.

L'escadron se retire ensuite devant le centre du régiment. L'escadron et la ligne des flanqueurs se conforment d'ailleurs à ce qui est prescrit plus loin au chapitre XII.

C. *Attaque avec la ligne dispersée.*

Elle s'exécute comme il est prescrit au § 26, D, pour un escadron. Les commandants d'escadron répètent le commandement : *En fourrageurs, — marche! marche!* du commandeur du régiment.

Le commandeur du régiment et les commandants d'escadron chargent en avant du régiment. L'étendard et les wachtmeister ne chargent pas en fourrageurs; l'oficier d'état-major du régiment prend le commandement des 3e pelotons restés en arrière, avec lesquels il suit les fourrageurs à distance de ligne (300 pas).

D. *Attaque en échelons.*

L'attaque en échelons est commencée, soit par une des ailes avec un ou deux escadrons, soit par les deux escadrons du centre qui commencent l'attaque et sont suivis des escadrons des ailes. Le commandeur avertit quelle attaque il veut employer. Lorsque deux escadrons réunis attaquent à la fois, le commandeur du régiment conduit l'échelon. L'attaque est exécutée, d'ailleurs, par l'échelon comme une attaque en ligne. On part de pied ferme au trot. Après le commandement : *Marche !* *marche !* le 1er échelon s'arrête ; le chefs des échelons suivants qui commencent l'attaque dès que le 1er éche-lon se trouve à une distance d'une cinquantaine de pas, commandent : *Marche ! marche !* à hauteur de l'escadron arrêté.

Les échelons suivants doivent être conduits de telle sorte que chacun d'eux, en ordre serré, exécute l'atta-que sur un front parallèle à l'échelon précédent, quand bien même celui-ci aurait changé son front dans sa marche en avant.

Chaque échelon, après son attaque, reste arrêté jus-qu'au commandement : *Marche! marche!* fait pour le dernier échelon ; les échelons précédant le dernier se portent alors en avant au trot et s'alignent sur le dernier échelon.

CHAPITRE XII.

FLANQUEURS — COMBAT A PIED. — FORMATION POUR L'EXERCICE DES ARMES.

§ 52.

Flanqueurs.

L'exercice des flanqueurs est exécuté par le régiment suivant les principes prescrits pour l'escadron.

Le commandeur du régiment fait avertir le commandant de l'escadron, ou il fait lui-même l'avertissement (*tel*) *escadron, en avant en flanqueurs!* le commandant de l'escadron désigné fait alors les commandements prescrits pour déployer un seul peloton en flanqueurs, et il se conforme à ce qui est prescrit pour le 4e peloton d'un escadron.

Aux commandements: *Escadron halte!* et *Flanqueurs en avant!* du commandant, le chef du 4e peloton commande : *4e peloton — au trot!* on se conforme à ce qui est prescrit au § 27 à l'escadron pour les flanqueurs.

A la sonnerie *appel!* l'escadron exécute un demi-tour à droite (ou à gauche) par pelotons et ensuite une marche oblique par pelotons pour se retirer à l'aile droite (ou gauche) du régiment. Le 4e peloton fait un demi-tour à droite (ou à gauche) et se réunit à l'escadron marchant en arrière.

Lorsque avant la sonnerie *appel!* on fait la sonnerie ou les commandements pour porter le régiment en avant, ou si l'escadron n'a pas dégagé le front du régiment, l'escadron exécute un à droite (ou un à gauche) par pelotons et se retire de côté par l'une des ailes au trot ou au galop pour dégager rapidement le front; l'escadron se joint alors à l'attaque du régiment et attaque, autant que possible, de côté le flanc de l'ennemi.

§ 53.

Combat à pied.

Le commandeur indique si un escadron entier et quel escadron doit combattre à pied; le commandant de l'escadron agit alors en conséquence.

§ 54.

Formation pour l'exercice des armes.

L'exercice des armes ne s'exécute que par escadron.

ARTICLE QUATRIÈME.

LA BRIGADE.

CHAPITRE XIII.

§ 55.

Principes préliminaires.

On se conforme pour la brigade aux principes préliminaires qui ont été établis pour un escadron et pour un régiment; le commandeur de la brigade ne fait pas de commandement d'exécution; les commandements d'avertissement qu'il fait sont répétés par les commandeurs de régiment qui font ensuite les commandements d'exécution.

Comme les exercices de brigade ont plutôt pour but, en général, la manœuvre proprement dite que l'exécution des exercices réglementaires, dans tous les cas où les commandements réglementaires ne suffisent pas, le commandeur de la brigade doit faire prévenir de ses intentions les commandeurs de régiment par des avertissements ou leur envoyer des ordres relatifs à la place que doivent occuper les régiments et à l'ordre qu'ils doivent prendre. Le commandeur de la brigade se place, d'après la règle, à 100 pas en avant du centre de la brigade, ou à 100 pas sur le flanc, à hauteur du milieu des colonnes, du côté du front de la brigade. Il peut se rendre partout où sa présence est nécessaire.

CHAPITRE XIV.

FORMATION ET ALIGNEMENT.

§ 56.

Formation.

Deux ou plusieurs régiments réunis en une brigade sont disposés en bataille à côté l'un de l'autre avec 12 pas d'intervalle comptés de l'aile gauche du régiment de droite à l'aile droite des trompettes du régiment de gauche. S'il n'est pas ordonné autrement, les régiments de cuirassiers se placent à l'aile droite de la brigade, ensuite les dragons, les hussards et les uhlans; les régiments de la même arme sont placés par ordre de numéros de la droite à la gauche.

Dans les formations en colonne, les régiments sont placés les uns derrière les autres; la distance entre les régiments est égale au front d'un peloton plus 15 pas lorsqu'ils sont formés en colonne serrée de régiment ou en colonne serrée en masse; la distance se mesure de la queue des chevaux du deuxième rang d'un régiment à la tête des chevaux des chefs de peloton du régiment suivant.

Dans les exercices et devant l'ennemi, il est à la disposition du commandeur de brigade de changer, selon qu'il le juge utile, l'ordre des régiments en ligne; il peut aussi les répartir en une, deux ou trois lignes.

Lorsqu'il y a plus de deux régiments, ils doivent être placés sur deux ou trois lignes et ne doivent être que momentanément déployés sur une seule ligne.

Le commandeur de la brigade se place à 100 pas en avant du front de la ligne. L'adjudant de la brigade et un trompette de chaque régiment se placent derrière lui, de la manière prescrite dans le régiment.

§ 57.

Alignement sur une base déterminée et alignement en arrière.

A l'avertissement *points avancez!* du commandeur de la brigade, le commandeur du régiment de direction se conforme à ce qui est prescrit plus haut!

Les commandeurs des autres régiments commandent : *Les yeux à droite !* (*gauche!*), et font les commandements *Points en avant !* lorsque le premier commande : *En avant!* et *en avant !* lorsque le premier commande : *Alignez-vous !*

Un alignement en arrière n'est exécuté dans la brigade que par régiment isolé.

§ 58.

Mettre pied à terre et monter à cheval.

Ces mouvements sont exécutés à l'avertissement du commandeur de la brigade *pied à terre !* ou *aux chevaux ! — à cheval!* Les commandeurs de régiment répètent l'avertissement et les commandants d'escadron commandent l'exécution.

CHAPITRE XV.

MANIEMENT DU SABRE ET DE LA LANCE.

§ 59.

Le commandeur de la brigade fait sonner pour mettre le sabre à la main ou le remettre dans le fourreau, ou il en fait l'avertissement. Dans ce dernier cas, les commandeurs de régiment font les commandements nécessaires.

L'adjudant de la brigade conserve le sabre dans le fourreau.

CHAPITRE XVI.

MOUVEMENTS DE LA BRIGADE.

§ 60.

Pour les mouvements de la brigade, on se conforme aux principes prescrits pour un régiment au chapitre XI, §§ de 38 à 51, en les appropriant à la brigade. Le commandeur de la brigade fait l'avertissement ou fait faire la sonnerie que les commandeurs de régiment feraient dans les cas analogues, avec cette différence, qu'à la place de l'avertissement *régiment!* il fait l'avertissement *brigade!* et qu'il ne fait pas de commandement d'exécution; il ne fait pas non plus faire la sonnerie d'exécution.

Les mouvements sont exécutés par chacun des régiments au commandement du commandeur du régiment qui ajoute, s'il est nécessaire, les mots « *dans la brigade* » à son commandement.

De même, le cas échéant, le commandeur de brigade

doit ajouter à son commandement les mots « *dans chaque régiment* ».

Premier exemple : la brigade étant en ligne, au commandement : *Brigade, — par la droite en colonne par escadrons!* le commandeur du 2ᵉ régiment commande : *Régiment, — dans la brigade, par la droite en colonne par escadrons — marche!* Alors le commandant de l'escadron de tête fait le même commandement que les commandants des autres escadrons du régiment.

Deuxième exemple : la brigade étant en colonne, les régiments en colonne serrée de régiment, pour déployer sur un escadron du deuxième régiment, le commandeur de la brigade commande : *Brigade, — sur (tel) escadron du 2ᵉ régiment à droite et à gauche déployez-vous!* Les deux commandeurs de régiment commandent alors : *Régiment — dans la brigade, à droite (à droite et à gauche) déployez-vous, — au trot!*

Troisième exemple : la brigade étant en ligne, pour former dans chaque régiment la colonne serrée de régiment (brigade en colonnes serrées de régiment), le commandeur de brigade commande : *Brigade, — dans chaque régiment, par la droite en colonne par escadrons!*

CHAPITRE XVII.

FLANQUEURS. — COMBAT A PIED.

§ 61.

Flanqueurs.

On se conforme aux principes prescrits pour le régi- pour l'escadron.

§ 62.

Combat à pied.

Les commandeurs de régiment donnent les indications nécessaires pour le combat à pied, conformément aux ordres du commandeur de la brigade.

ARTICLE CINQUIÈME.

CHAPITRE XVIII.

PRESCRIPTIONS GÉNÉRALES SUR LA CONDUITE DE LA CAVALERIE EN DEUX OU PLUSIEURS LIGNES.

§ 63.

Répartition en plusieurs lignes.

Il a déjà été indiqué dans les prescriptions réglementaires pour un seul régiment, qu'en face de l'ennemi la formation d'une deuxième ligne devient nécessaire. Dans les exercices de régiment, il y a donc déjà lieu, pour l'exécution des manœuvres, de se reporter aux prescriptions générales qui suivent sur la répartition en plusieurs lignes et la désignation d'un chef particulier pour chaque ligne. Des évolutions réglementaires pour les exercices de brigade sont à peine nécessaires; en tous cas, elles ne doivent absorber qu'une faible partie du temps disponible. On doit au contraire considérer comme le but principal des exercices de brigade, d'exercer les commandeurs à la conduite de plusieurs lignes, sous une direction unique. Il est laissé à l'appréciation du commandeur de brigade de former la brigade en plusieurs lignes en partant de la formation de *rendez-vous* ou de la formation en plusieurs colonnes de marche se portant en avant. La force qu'on doit donner à chaque ligne dépend essentiellement du nombre des régiments ou escadrons présents et des circonstances du combat réelles ou supposées. Toutes les prescriptions suivantes qui sont faites pour un régiment en première, deuxième ou troisième ligne sont suivies d'une manière analogue lorsque, par suite de la réunion d'une grosse masse de cavalerie, chaque ligne se compose en totalité ou en partie de brigades.

§ 64.

Formation et mouvements d'un régiment ou d'une brigade en première ligne.

Un régiment qui se trouve en première ligne est, dans la règle, formé en colonnes d'escadrons et envoie pour s'éclairer en avant et sur les flancs des officiers et des hommes isolés, au besoin même de petits détachements qui s'avancent au loin ; dès que commence l'attaque, tous ces détachements y prennent part autant que possible.

Pour passer de la formation de *rendez-vous* à la formation de combat (formation en colonnes d'escadrons) ainsi que pour former les colonnes d'escadrons étant en colonne de marche, on emploie les moyens prescrits plus haut dans le règlement.

Toutes les fois que l'occasion se présente, même en

dehors du champ de manœuvre, il faut s'exercer aux formations et aux ruptures employées pour passer des défilés existants.

Avec cela, des changements de la direction de la marche rendus nécessaires, une marche de l'escadron de tête vers le flanc pour dégager la place nécessaire aux escadrons qui suivent, des irrégularités provenant d'accidents de terrain offrent des occasions pour développer la prévoyance et l'indépendance des chefs.

Lorsque, par suite des détachements envoyés en avant ou laissés en arrière, l'ordre habituel des escadrons a été changé, on peut le rétablir sans difficulté en formant les colonnes d'escadrons.

Les escadrons placés en avant doivent, selon les circonstances, commencer l'attaque avant que les escadrons suivants soient formés; ces derniers se forment en ligne aussitôt que possible; puis, conformément aux prescriptions faites pour les attaques en échelons, ils dépassent la ligne des escadrons précédents lorsque ceux-ci sont arrêtés.

Il peut arriver également après l'établissement de la ligne que de petits changements de front fassent que les escadrons se trouvent placés, comme en échelons, les uns derrière les autres, et que les escadrons les plus avancés doivent attaquer avant que les autres arrivent sur la ligne (ces petits changements de front s'exécutent par des huitièmes de conversion par pelotons suivis de la formation des escadrons). On est ainsi amené à l'attaque en échelons. Chaque escadron suivant celui qui attaque sert momentanément de deuxième ligne à l'échelon précédent et, en conséquence, il doit dans l'attaque en ligne dépasser cet échelon.

10.

La disposition du combat peut forcer des escadrons isolés à intervenir dans le combat, non pas à la place que leurs numéros leur donnent dans la ligne, mais à une autre aile du régiment; les commandants des escadrons doivent alors agir suivant les avertissements que le commandeur du régiment leur envoie par des adjudants ou des ordonnances, ou, le cas échéant, d'après leur propre inspiration. Dans un mouvement de retraite, lorsque après avoir passé un défilé, les premiers escadrons passés doivent être placés prêts à combattre en face du défilé, pendant que les derniers détachements et les flanqueurs sont engagés dans le passage, on fait aux commandants d'escadron l'avertissement : *en colonnes d'escadrons face en tête !* de plus, on indique au commandant de l'escadron qui passe le premier jusqu'où il doit se retirer; on se remet face en tête par un demi-tour par pelotons.

Les autres escadrons forment les pelotons dès qu'ils ont la place nécessaire (aussitôt après le défilé ils dirigent au besoin leur tête de colonne vers la droite ou vers la gauche) et conduisent leurs escadrons de manière à prendre leurs places dans le régiment par un demi-tour par pelotons.

Le mouvement en avant d'un régiment formé en colonnes d'escadrons ne se fait pas toujours perpendiculairement au front de la ligne; le terrain ne permettra pas aux escadrons de conserver constamment leurs intervalles réglementaires. Des conversions de la ligne entière (changements de front) exécutées réglementairement au commandement du commandeur du régiment ne sont que rarement exécutables en dehors du champ de manœuvre. Les commandants d'escadron doivent, en conséquence, être habitués à régler tous les mouvements de leur escadron sur ceux de l'escadron de direction (voir § 35); de façon à reprendre leurs intervalles réguliers et leur place dans la ligne lorsque les circonstances qui ont forcé à les perdre ont cessé d'être (intervalles trop serrés ou trop ouverts, changement de la direction de la marche). Le commandeur du régiment n'a alors à indiquer l'objectif de la marche qu'à l'escadron de direction et il peut, au reste, mettre toute son attention à examiner les différentes phases du combat.

Dans les mouvements vers le côté, lorsqu'on prévoit que l'on aura une assez grande distance à parcourir, la rupture en colonne par pelotons rendra la conduite beaucoup plus facile; la colonne par pelotons est, en effet, plus facile à diriger que les colonnes d'escadrons, elle se plie mieux au terrain et elle rétablit son front plus rapidement que les colonnes d'escadrons marchant en oblique.

§ 65.

But de la formation d'une deuxième ligne.

Le but de la deuxième ligne est le suivant : dans les manœuvres en face de l'ennemi, délivrer la première ligne de toute préoccupation sur la sûreté de ses derrières et de ses flancs; dans l'attaque, appuyer, en avançant à propos pour l'attaque, la première ligne déjà engagée de manière à repousser et à poursuivre l'ennemi par une action commune, ou à donner aux fractions séparées par l'attaque le temps de se rallier de nouveau. Cependant, il faudra encore conserver en ar-

rière aussi longtemps que possible, en dehors de la
deuxième ligne, une réserve, car, toutes choses égales
d'ailleurs, la victoire appartient à celui qui, au moment
où l'adversaire a déjà engagé toutes ses forces, amène dans
le combat une réserve intacte, quelque faible d'ailleurs
que soit la force de celle-ci. Le principe de diriger
l'attaque autant que possible sur le flanc de l'ennemi
est aussi applicable dans ce cas.

§ 66.

Place des chefs des deuxièmes lignes.

Aussitôt que la première ligne se forme en bataille
et que la deuxième ligne a pris un ordre conforme à
l'attitude du combat, la place réglementaire des chefs
de la deuxième ligne se trouve en avant de la ligne des
chefs de peloton de la première ligne, à l'aile droite ou
à l'aile gauche, suivant que la deuxième ligne marche
en arrière de l'aile droite ou de l'aile gauche de la première ligne.

De la place qui lui est assignée, le chef de la
deuxième ligne examine les différentes phases du combat et envoie en conséquence à ses troupes les instructions nécessaires par des adjudants et des officiers d'ordonnance. Il est très-important que les ordres ainsi
envoyés soient scrupuleusement exécutés, afin d'assurer
une entente réciproque entre le chef et les troupes. Le
chef de la deuxième ligne peut, suivant les besoins, se
porter plus en avant ou plus en arrière, où il juge
sa présence nécessaire ; mais il doit en même temps
faire en sorte que les ordres et les communications qui

le cherchent à sa place réglementaire puissent lui parvenir sûrement et par le plus court chemin.

Les circonstances ou les ordres du chef supérieur déterminent l'aile de la première ligne derrière laquelle la deuxième ligne doit marcher ou accorder ses mouvements avec ceux de la première.

Dans le cas où une deuxième ligne marche derrière chacune des ailes de la première, on doit désigner un chef pour chacune de ces deuxièmes lignes.

Lorsque des escadrons isolés sont placés en arrière de la première ligne, pour y recevoir et repousser l'ennemi qui aurait percé, ces escadrons ne sont pas placés sous le commandement d'un chef unique, car ils ont entre eux de grands intervalles et leurs chefs doivent agir avec indépendance pour intervenir dans la marche du combat.

§ 67.

Formation et mouvement d'un régiment (ou d'une brigade) en deuxième ligne.

Les régiments désignés pour la deuxième ligne, partant de la formation de *rendez-vous* ou de l'ordre en colonne de marche, se forment en colonne serrée en masse et prennent les places qui leur sont assignées par le commandeur de brigade ou le chef supérieur, réglementairement à 300 pas en arrière de la première ligne, généralement en la débordant. Tant que la première ligne ne se forme pas en bataille pour l'attaque et que les phases du combat ou les ordres qui arrivent ne rendent pas nécessaire le déploiement de la deuxième ligne, les régiments de cette seconde ligne se règlent sur les mouvements de la première ligne, de manière à rester toujours dans les mêmes positions respectives.

Le chef de la deuxième ligne qui se tient, avec ses officiers d'ordonnance, en avant du front de la première ligne, connaîtra le but des mouvements de celle-ci, examinera l'état des choses et réglera en conséquence les mouvements de la deuxième ligne.

Dès que la deuxième ligne arrive dans la sphère d'action du feu de l'ennemi ou qu'elle se prépare à s'immiscer dans le combat de la première ligne, il est temps pour elle, soit d'ouvrir les intervalles et de prendre la direction nécessaire pour pouvoir se former régulièrement en bataille et attaquer, soit de se former en colonne par pelotons et de se porter rapidement ainsi en avant et sur le côté pour se jeter sur les flancs de l'ennemi.

Dans les deux cas, il est opportun de tenir disponible une partie de la deuxième ligne, soit à l'aile extérieure de celle-ci, soit en arrière de l'intervalle entre les deux lignes pour décider l'affaire. Le chef du *tout* fait part de ses intentions par des ordres ainsi conçus :

1er Exemple : « La deuxième ligne doit se porter « avec trois escadrons à hauteur de la première et laisser « deux escadrons en arrière de l'aile droite; »

2e Exemple : « La deuxième ligne doit porter en avant « deux escadrons en colonne par pelotons pour atta- « quer de flanc l'aile droite de l'ennemi; elle laissera « en arrière de l'aile gauche de la première ligne trois « escadrons qui la déborderont d'une longueur égale « à la distance de la ligne; »

3e Exemple : « Avancer à hauteur de la première « ligne avec quelques escadrons et répartir les autres « escadrons derrière une aile (derrière les deux ailes, « ou derrière le centre). »

La conduite de la deuxième ligne est plus difficile que celle de la première; on devra exiger des régiments de la deuxième ligne une grande rapidité et une grande mobilité. Pour former des chefs de deuxième ligne habiles, on doit déjà commencer à s'exercer en petit. A cet effet les commandeurs des régiments placeront quelques escadrons sous le commandement de l'officier d'état-major du régiment, les autres sous le commandement du plus ancien chef d'escadron et prendront le commandement du *tout;* ils pourront ainsi, sans perdre un temps essentiel aux exercices réglementaires du régiment, s'exercer chaque jour à la conduite de deux lignes.

§ 68.

Conduite d'une troisième ligne désignée comme réserve.

De grandes masses de cavalerie ne doivent pas être placées, en vue du combat, les unes à côté des autres sur un front étendu, mais elles doivent être formées en trois lignes.

Le chef de ces masses de cavalerie a seul à décider si la formation d'une troisième ligne qui reste en réserve à sa disposition doit avoir lieu. Ceci n'exclut pas que chaque portion formant unité doit former et conserver aussi longtemps que possible sa propre réserve.

La troisième ligne se place, dans les exercices de paix, à une fois et demie la distance de ligne (400 à 500 pas) en arrière du centre de la première ligne, les régiments formés comme il est prescrit pour ceux de la deuxième ligne. Tant qu'il n'y a pas d'autre ordre ou que les circonstances du combat n'obligent pas les commandeurs d'agir d'une façon indépendante, ils doivent conduire leur régiment (escadron ou brigade) de manière à rester dans la même position relativement à la première ligne. Lorsqu'il y a plusieurs régiments en troisième ligne, le chef de cette ligne ou des ordres supérieurs déterminent les intervalles qu'il faut prendre entre les régiments. Comme le chef de la troisième ligne doit avoir connaissance de l'état des choses et des vues du commandeur de brigade (de division), il peut se rendre partout où il juge sa présence utile; il doit pourtant avoir soin que les ordres et les communications qui le cherchent à sa place réglementaire (80 pas en avant des têtes de colonnes) lui parviennent sûrement et par le plus court chemin; et, en outre, que le plus ancien officier après lui, placé en cet endroit, soit prêt à faire exécuter aussitôt, le cas échéant, un ordre qui arriverait.

Lorsque la troisième ligne se rapproche, en totalité ou en partie, de la première, pour le combat, elle se conforme à ce qui est prescrit pour la deuxième ligne.

§ 69.

Place du commandeur d'une masse de cavalerie répartie en plusieurs lignes.

Le commandeur d'une masse de cavalerie répartie en plusieurs lignes peut se rendre partout où il juge sa présence nécessaire; dans les exercices qui ne sont pas exécutés en face de l'ennemi, il doit se placer généralement en avant du front de la première ligne, dans le prolongement de l'aile où doit être employée la plus grande partie des autres lignes. Mais s'il s'agit de la

conduite d'une masse de cavalerie en face de l'ennemi ,
le chef doit, en allant reconnaître lui-même l'ennemi ,
se procurer des connaissances et des points de vue aussi
exacts que possible sur l'ensemble du combat ; il doit
en outre entretenir une communication non interrom-
pue avec le commandant supérieur ; il faut donc qu'il
choisisse en conséquence la place où il se tiendra, et
de là faire parvenir rapidement et d'une manière certaine aux troupes qu'il commande ses ordres et ses
instructions.

§ 70.

De l'artillerie affectée à la cavalerie.

Le chef d'une masse de cavalerie ou d'une seule ligne
doit considérer l'artillerie qui lui est affectée comme
partie intégrante de ses troupes ; il doit en disposer et
lui donner des ordres suivant sa propre inspiration.

On désigne à la batterie (ou aux batteries) sa place
dans la colonne de marche ou dans la ligne formée
et elle doit la conserver en suivant les mouvements de
la ligne jusqu'à ce qu'elle soit appelée à entrer en action.

Le commandant de la batterie ou un officier supérieur
d'artillerie dès qu'on pressent un combat, se tient à
proximité du commandeur de la cavalerie ou de la ligne ; de là il reconnaît aussi l'ennemi, le terrain, les
phases de l'action ; il attend les ordres qui le concernent
et tient sa troupe prête à s'engager.

Les batteries pourront déjà être engagées longtemps
avant que la cavalerie se porte en avant pour l'attaque ,
afin de préparer et de soutenir l'attaque des autres
armes.

11

C'est particulièrement le cas lorsque la cavalerie a un défilé à passer en face ou dans le voisinage de l'ennemi. L'artillerie ne suit alors la cavalerie que lorsque celle-ci ayant avancé, les batteries peuvent trouver une position plus favorable, ou lorsque les batteries doivent de nouveau se joindre aux mouvements de la cavalerie. Dans le passage d'un défilé en arrière, l'artillerie doit passer en premier lieu, pour pouvoir de bonne heure ouvrir le feu de chaque côté du défilé et rendre le passage difficile à l'ennemi.

Lorsque la cavalerie se porte en avant pour l'attaque, l'artillerie dirige son feu sur les troupes ennemies qu'on doit attaquer, pour les ébranler avant le choc.

Son but principal, comme celui de la cavalerie, est l'offensive; elle doit ainsi poursuivre de son feu l'ennemi en fuite après la rencontre, aussi loin qu'elle peut sans danger pour sa propre cavalerie qui le poursuit; elle doit aussi tirer sur les renforts ennemis qui seraient envoyés.

Après un échec, au contraire, elle protège la cavalerie en restant sur la défensive dans les positions qu'elle occupe. Une troupe de soutien spéciale lui est attribuée suivant les circonstances.

ARTICLE SIXIÈME.

GRANDE PARADE A CHEVAL.

CHAPITRE XIX.

GRANDE PARADE DE PIED FERME ET DÉFILER.

§ 71.

Grande parade d'un escadron de pied ferme.

L'escadron est disposé en bataille et les officiers, sous-officiers et trompettes sont placés comme il est prescrit aux §§ 8 et 10; pourtant il faut, de préférence donner à des officiers le commandement des premiers pelotons.

Lorsque l'étendard est avec l'escadron, il se place à la droite du sous-officier de l'aile du 5ᵉ peloton. Pour la parade, il ne doit pas y avoir deux sous-officiers serre-files par peloton.

L'escadron étant aligné, le commandant placé devant le centre de l'escadron fait mettre le sabre à la main ou porter la lance; lorsque la personne qui passe la revue s'approche de l'escadron, le commandant se tournant face à la troupe commande : *Attention ! les yeux à droite ! (gauche !)* Les officiers et le porte-étendard saluent au signe du commandant de l'escadron, les trompettes sonnent une fois le 4ᵉ refrain de la marche de parade, et sonnent ensuite une marche de campagne [Feld-marsch.]

Après avoir salué, le commandant de l'escadron se rend vivement à l'aile droite, à hauteur de la ligne des officiers, à un pas à droite des trompettes, et il présente le rapport [*Front-Rapport*].

Pendant que le supérieur passe devant la troupe, le commandant de l'escadron l'accompagne en se tenant du côté extérieur ; il se porte ensuite devant le centre, fait signe aux trompettes de cesser de sonner et commande : *Attention !* en faisant face à l'escadron. Les officiers se remettent alors au port du sabre.

§ 72.

Défiler.

A. — *Par pelotons.*

Lorsque le supérieur ordonne de rompre, le commandant de l'escadron fait l'avertissement *marche de parade !* et *1er peloton en avant !* Si le 1er peloton ne doit pas converser, les trompettes se portent alors par une marche oblique individuelle au trot à 25 pas en avant du centre du peloton. Au commandement : *Par pelotons à droite conversion, — au trot !* le 1er peloton se porte en avant d'une longueur égale à son front ; les autres pelotons exécutent la conversion, et le commandant de l'escadron commande : *Halte !* et ensuite : *Marche !*

Pendant la rupture, les premiers sous-officiers serre-files se placent aux ailes gauches de leurs pelotons respectifs ; le wachtmeister reste derrière la 2e file de gauche du 4e peloton. L'officier serre-file suit derrière le centre du 4e peloton, à un pas en arrière du wachtmeister ; lorsqu'il y a 2 officiers serre-files, ils se placent dans la direction des 2es files de gauche et de droite du 4e peloton.

Avant de mettre l'escadron en marche, le commandant se place à quatre pas en avant du chef du 1er peloton. Les chefs de peloton restent à deux pas en avant de leur peloton. La distance de parade entre les pelotons est d'autant de pas qu'il y a de files dans les pelotons, y compris les sous-officiers des ailes; cette distance se mesure de la queue des chevaux du deuxième rang d'un peloton au nez des chevaux du premier rang du peloton suivant. Les distances se prennent pendant la marche; elles ne doivent pas être prises trop tôt. Le chef du 1er peloton commande : *Les yeux à droite !* en se mettant en mouvement; les autres commandent le changement de direction et ensuite : *En avant ! les yeux à droite !* Les sous-officiers des ailes droites du deuxième rang conservent la tête directe; les premiers rasent les points (jalonneurs) qui déterminent la direction; à la rencontre de l'un de ces points, l'étendard rompt et se reporte ensuite à sa place dès que le point est dépassé. Pendant le défiler, le pas doit être rassemblé, mais non trop raccourci. Les trompettes commencent à sonner le 4e refrain de la marche de parade lorsqu'ils arrivent à une distance de la personne. devant laquelle on défile égale à deux fois le front d'un peloton ; ils sonnent ensuite une marche de campagne. Ils se retirent sur le côté par une marche oblique individuelle et se placent par une conversion en face de la personne à qui on rend les honneurs, de manière à ne pas gêner les ailes gauches des pelotons pendant le défiler.

Le commandant de l'escadron salue lorsqu'il arrive à

une distance du supérieur égale au front d'un peloton ; après l'avoir dépassé, il se porte au galop à sa droite avec le sabre baissé et il reste à cette place jusqu'à ce que l'escadron ait défilé. Lorsque le 4° peloton a défilé, les trompettes cessent de sonner et suivent ce peloton.

Lorsqu'on doit répéter le défiler, soit par pelotons, soit dans un autre ordre, le commandant de l'escadron commande : *Trompettes devant la tête !* les trompettes passent alors au trot à gauche de la colonne et se rendent devant la tête ; le 1er peloton s'arrête au commandement de son chef et les autres pelotons serrent à leur distance habituelle. Pour rompre, le commandant de l'escadron commande : *Marche ! — les yeux à droite !* et les chefs de peloton prennent leur distance comme plus haut. Lorsque après le défiler on doit manœuvrer, le commandant de l'escadron commande : *Trompettes à l'escadron !* les trompettes se dirigent au galop vers la tête de la colonne en passant sur le côté droit de l'escadron et prennent leur place ; en même temps un d'entre eux se rend auprès du commandant. Le 1er peloton s'arrête et les autres serrent à distance. Le commandant de l'escadron se porte sur le flanc gauche de la colonne.

Lorsqu'on doit former l'escadron immédiatement après le défiler par pelotons, le commandant de l'escadron restant à la droite de la personne devant laquelle on a défilé et conservant le sabre baissé commande : *Escadron, — vers la gauche formez-vous, — au galop, — marche !* Ce commandement est fait dès que le 3° peloton arrive à hauteur de la personne devant laquelle on défile. Le chef du peloton de tête fait l'avertissement : *En avant !* Les autres chefs de peloton commandent :

Oblique à gauche! et répètent le commandement : *Au galop — marche!* ils commandent ensuite successivement : *En avant!* et *au pas!* Après le commandement: *marche!* le commandant de l'escadron se rend, à l'allure la plus vive, devant le centre de l'escadron en passant par l'aile droite.

B. *Par demi-escadrons.*

Lorsque après le défiler par pelotons on doit exécuter un défiler par demi-escadrons, le commandant commande : *En demi-escadrons, vers la gauche formez-vous, — au trot!* et les chefs de peloton font les commandements nécessaires.

Dès que les demi-escadrons sont formés, le commandant de l'escadron commande *serrez — marche! (au trot!)* le deuxième demi-escadron serre sur le premier à distance de peloton au commandement du plus ancien des deux chefs de peloton.

Le commandant de l'escadron fait alors l'avertissement *marche de parade!* et il commande *marche! les yeux à droite!*

En se mettant en marche, on prend les distances prescrites pour le défiler par pelotons. Le défiler s'exécute ordinairement au pas. Les premiers sous-officiers serre-files restent à l'aile gauche du deuxième rang de leur peloton ; le wachtmeister reste derrière la 2e file de gauche du 4e peloton. L'officier serre-file serre à un pas derrière le centre du deuxième demi-escadron; s'il y a deux officiers serre-files, ils se placent derrière le centre du 3e et le centre du 4e peloton.

Le commandant de l'escadron marche à quatre pas en

avant du premier demi-escadron et les chefs de peloton
à deux pas en avant du centre de leur peloton. Toutes
les autres prescriptions relatives au défiler restent les
mêmes.

C. *Par escadron.*

Le défiler par escadron s'exécute au trot ou au galop,
en principe au trot. Le commandant de l'escadron fait
l'avertissement *marche de parade au trot !* (*au galop !*) les
trompettes se portent à 40 pas en avant de l'escadron. Le
commandant marche à 30 pas en avant de l'escadron. Au
commandement : *Escadron, — au trot !* (*au galop — marche !*) *— les yeux à droite !* l'escadron prend l'allure indiquée. Le défiler s'exécute d'ailleurs suivant les principes
prescrits en A et B. Les sous-officiers serre-files et le
wachtmeister prennent les places qui leur sont assignées
dans l'ordre en bataille. L'officier serre-file marche en
arrière du centre, à un pas de la ligne des sous-officiers
serre-files.

Si l'on doit manœuvrer après la parade, l'officier
serre-file et l'officier qui commande le 1er peloton pendant le défiler prennent les places qui leur sont assignées.

§ 73.

Grande parade d'un ou de plusieurs régiments de pied ferme.

Le régiment est disposé comme il est prescrit aux
§§ 31 et 71; les trompettes alignés sur le deuxième
rang, à six pas de l'aile droite. Lorsqu'il y a un timbalier,
il se place à la droite des trompettes. L'étendard, à la
droite du sous-officier de l'aile droite du 3e escadron.

Le commandeur du régiment, sans adjudant et sans trompettes, à 60 pas en avant du centre du régiment; les officiers d'état-major, entre les trompettes et le régiment, sur la ligne des chefs de peloton; l'adjudant, le sabre à la main, derrière les officiers d'état-major, à hauteur du deuxième rang; les commandants d'escadron, à l'aile droite de leur escadron, à un pas du sous-officier de l'aile droite, sur la ligne des chefs de peloton. Pour faire prendre ces places, le commandeur du régiment fait l'avertissement *ordre de parade!* Le commandeur du régiment se conforme d'ailleurs à ce qui est prescrit au commandant de l'escadron pour la parade d'un seul escadron. Ses commandements ne sont pas répétés par les commandants d'escadron. Après avoir fait signe pour saluer, il se rend à l'aile du régiment; lorsque c'est à l'aile droite, il se place à la droite des trompettes, sur l'alignement des chefs de peloton.

La disposition est la même lorsqu'il y a plusieurs régiments. Le commandeur de brigade et les commandeurs de régiment sont seuls en avant du front. Le premier fait l'avertissement *ordre de parade!* qui est répété par les commandeurs de régiment.

Lorsque le salut n'est pas fait par tous les régiments à la fois, il se fait par régiment de la droite à la gauche (de la gauche à la droite) à l'avertissement du commandeur de brigade *par régiment, saluez!* il se rend à l'aile droite (gauche) et se place à la droite (gauche) du comdeur du régiment. L'adjudant de brigade se place à la droite des trompettes du régiment de droite, aligné sur leur premier rang; il conserve le sabre ou l'épée dans le fourreau.

Lorsqu'on doit se former en colonne pour la parade,

11.

les régiments sont formés en colonne serrée de régiment la droite en tête. Les officiers et trompettes se placent comme il est prescrit en ligne; tous les sous-officiers serre-files, à l'exception ce ceux du dernier escadron, rentrent dans le rang. Le salut se fait soit par régiment, soit par brigade, au commandant du commandeur de brigade ou à celui du commandant de régiment.

§ 74.

Défiler.

A. *Par pelotons.*

Le défiler d'un ou de plusieurs régiments s'exécute comme il est prescrit pour un escadron. Les commandements pour la rupture et pour se mettre en marche ne sont pas répétés par les commandants d'escadron. Les trompettes se portent, pendant la rupture, à 40 pas en avant du centre du 1er peloton; le timbalier devant le centre des trompettes.

Après la rupture, le commandeur du régiment se rend à deux pas en avant de l'officier d'état-major du régiment, qui est placé lui-même à huit pas en avant du commandant d'escadron; le commandeur du régiment se conforme d'ailleurs à ce qui est prescrit au commandant de l'escadron pour le défiler d'un seul escadron. L'officier d'état-major salue en même temps que le commandeur du régiment; les commandants d'escadron ne saluent pas. Le commandeur du régiment quitte seul sa place de défiler; l'adjudant qui marche derrière l'officier d'état-major quitte la colonne seulement après le deuxième point pour se rendre auprès du commandeur du régiment. Lorsque les trompettes obliquent à gauche, le timbalier continue de marcher, parcourt un arc de cercle à gauche, et vient se placer derrière les trompettes, à leur aile droite. Il doit toujours y avoir un officier serre-file derrière le dernier peloton du régiment. Lorsqu'il y a plusieurs régiments, le commandeur de brigade marche en avant des trompettes, ayant l'adjudant derrière lui. Les régiments se suivent à 80 pas de distance, mesurée de la queue des chevaux du deuxième rang du dernier peloton d'un régiment au nez des chevaux du premier rang du premier peloton du régiment suivant. Pour tout le reste, on se conforme à ce qui est prescrit au § 72, A.

B. — *Par demi-escadrons.*

Après que les pelotons ont serré à distance, au commandement *trompettes devant la tête!* le commandant du régiment commande : *Régiment, — en demi-escadrons, vers la gauche formez-vous, — au trot!* Ce commandement est répété par les commandants d'escadron. Au commandement suivant du commandeur : *Serrez, — marche!* (*au trot!*) répété par les commandants d'escadron, la colonne serre à distance de peloton. Le plus ancien des deux chefs de peloton de chaque demi-escadron commande : *Halte!* lorsqu'il est arrivé à distance de peloton.

Avant de porter la colonne en avant, le commandeur de régiment fait l'avertissement *marche de parade!* et commande ensuite : *Marche! les yeux à droite!*

On se conforme pour le reste à ce qui est prescrit au § 72, B.

C. *Par escadrons.*

On se forme, pour défiler, en colonne serrée de régiment.

Le régiment étant en colonne par demi-escadrons, pour le former par escadrons pour défiler, le commandeur commande : *Trompettes devant la tête !* et ensuite *formez les escadrons !* les commandants d'escadron commandent alors : 3ᵉ *et* 4ᵉ *pelotons, — à gauche par trois, — marche !* ensuite *au trot !* et dès que l'intervalle nécessaire est gagné : *Front, en avant ! halte ! alignez-vous !* Le commandeur du régiment commande alors : *Serrez, — marche !* (*au trot !*) et les commandants d'escadron répètent ce commandement.

Les trompettes se placent à 20 pas en avant du centre du 1ᵉʳ escadron.

L'avertissement est *marche de parade, au trot !* (*au galop !*) *par escadrons, portez-vous en avant !* Le commandant du 1ᵉʳ escadron, lorsqu'il se trouve à 40 pas de distance des trompettes, commande : *Escadron, — au trot !* (*au galop ! — marche !*) — *les yeux à droite !* les autres escadrons suivent aussitôt qu'ils ont leur distance.

On se conforme pour le reste à ce qui est prescrit pour le défiler d'un escadron.

Lorsqu'une grande masse de cavalerie doit être formée à distances serrées, le commandeur de régiment commande : *Sans distance serrez, — marche !* (ou *au trot !*). Les demi-escadrons ou les escadrons entiers serrent jusqu'à distance de rangs ; les chefs de peloton marchent à la droite (ou à la gauche).

Le point où l'on doit prendre ensuite la distance de

parade est déterminé par l'officier serre-file du régiment, qui est placé en ce point.

APPENDICE AU 5ᵉ ARTICLE.

§ 75.
Escorte de l'étendard.

Un demi-escadron ou, lorsque c'est pour la parade, un escadron complet avec ses officiers, ses sous-officiers et ses trompettes est commandé pour aller chercher l'étendard; il est accompagné d'un officier d'état-major qui ne commande pas et conserve le sabre dans le fourreau.

Le plus jeune officier, le porte-étendard et un sous-officier, avec le nombre de garde-chevaux nécessaire se rendent d'avance dans la maison où se trouve l'étendard, avant que l'escadron soit en marche; ils reçoivent l'étendard et restent dans la maison. L'escadron est formé en bataille devant la maison de l'étendard. Les chevaux de l'officier, du sous-officier de l'étendard et du deuxième sous-officier conduits par les garde-chevaux commandés à cet effet, sont placés derrière l'intervalle entre les trompettes et l'aile droite du deuxième rang, et attendent là leurs cavaliers. Aussitôt que l'officier et les sous-officiers marchant l'un derrière l'autre sortent avec l'étendard, on salue, on sonne la marche et on salue de nouveau pendant que l'officier et le sous-officier de l'étendard montent à cheval. Ce dernier, après que l'officier et l'autre sous-officier ont monté à cheval, se rend en avant de l'aile droite du 1er peloton, face à la maison; l'officier qui est allé chercher l'étendard et l'avant-dernier officier par rang d'ancienneté se placent à côté du porte-étendard, ce dernier à sa droite. Le deuxième sous-officier rejoint sa place. Lorsqu'on rompt ensuite, le porte-étendard avec les deux officiers qui l'accompagnent marche derrière les trompettes, et l'escadron suit. Lorsque l'escadron a rompu, l'officier d'état-major marche en avant des trompettes et le commandant de l'escadron en avant de l'étendard.

On reconduit l'étendard de la même manière. Lorsqu'on approche de la maison, les trompettes sonnent une marche jusqu'à ce que le commandant de l'escadron fasse le commandement pour cesser ou pour se former en bataille.

Lorsque l'escadron est en bataille, l'étendard se rend de nouveau en avant de l'aile droite du 1er peloton; le commandant de l'escadron commande de suite : *Alignez-vous!* L'officier désigné et les deux sous-officiers mettent alors pied à terre et se disposent à rompre. Au commandement *attention!* les trompettes sonnent et l'officier fait le commandement *marche!* pour l'étendard.

On n'attend pas le retour de l'officier et des sous-officiers; l'escadron est rompu aussitôt que l'étendard est dans la maison.

Lorsque les troupes sont disposées pour la grande parade sur la place où l'on doit aller prendre les étendards, ceux-ci entrent dans les rangs sans que les troupes rassemblées rendent les honneurs. Les troupes mettent le sabre à la main et chaque étendard rejoint, par le plus court chemin, sa place dans son régiment.

Lorsque les étendards de plusieurs régiments ont été cherchés ou sont reconduits par un régiment, l'officier de ce régiment met seul pied à terre, ainsi que tous les sous-officiers des étendards.

ARTICLE SEPTIÈME.

CHAPITRE XX.

SUR L'EMPLOI DES SONNERIES.

§ 76.

Au quartier ou au bivouac.

1. — Réveil.
2. — Pansage.
3. — Distribution du fourrage.
4. — Repas des chevaux.
5. — Au feu.
6. — Retraite du soir.
7. — Boute-selle.
8. — Alarme ou rassemblement.
9. — Parade de la garde.
10. — Pour la prière.
11. — Après la prière.
12. — Pour le régiment.
13. — Pour le premier escadron.
14. — Pour le deuxième escadron.

15. — Pour le troisième escadron.

16. — Pour le quatrième escadron.

17. — Pour le cinquième escadron.

18. — Aux officiers.

19. — Aux wachtmeister.

20. — Aux sous-officiers.

21. — Aux trompettes.

Les appels n°⁵ 12 à 21 peuvent aussi être employés comme avertissements dans les exercices et en campagne.

§ 77.

Aux exercices et en campagne.

A. — Sonneries qui sont exécutées aussitôt qu'elles sont entendues, sans être suivies du commandement d'exécution :

1. — Au pas.

2. — Au trot.

3. — Au galop.

4. — Halte.

5. — Front.

6. — Commencer le feu.

7. — Cesser le feu.

8. — Appel.

9. — Mettre le sabre à la main.

10. — Remettre le sabre.

La sonnerie *appel !* peut aussi être employée pour terminer la manœuvre ; elle doit alors être précédée de la sonnerie suivante :

11. — Pour le tout.

Toutes les fractions de troupe éloignées doivent répéter cette sonnerie, afin qu'on sache qu'elle a été entendue avant de faire sonner *appel !*   .

Le commandant supérieur peut seul faire sonner *pour le tout !*

Lorsqu'on sonne *halte !* après la sonnerie *pour le tout !* toutes les fractions de troupe s'arrêtent aussitôt à l'emplacement où elles se trouvent et attendent des ordres.

Les sonneries qui précèdent la onzième sont répétées par tous les trompettes.

B. — Sonneries ordonnées par les commandeurs de régiment ou les officiers plus élevés en grade ; aussitôt que ces sonneries sont entendues, les commandants d'escadron commandent l'exécution :

1. — Former les escadrons.

2. — Former le régiment en bataille, et aussi déploiement pour la colonne serrée de régiment exécutant une marche de flanc.

3. — Serrer.

4. — Former les colonnes d'escadrons.

5. — Former la colonne par pelotons.

6. — Sonnerie d'exécution.

7. — Marche ! Marche ! dans le cas où cette sonnerie remplace le commandement dans l'attaque.

Les sonneries qui précèdent la septième ne sont répétées que par les trompettes qui accompagnent les commandants d'escadron ; les trompettes qui se trouvent dans les escadrons ne les répètent pas.

C. — Sonnerie ordonnée par les commandants d'escadron ou les commandeurs de régiment, ou les officiers plus élevés en grade ; à cette sonnerie, les chefs de peloton commandent l'exécution :

Flanqueurs en avant.

On se conforme à ce qui est prescrit en B, pour la la manière dont les trompettes répètent cette sonnerie.

D. — Sonneries ordonnées par les commandeurs de régiment ou les officiers plus élevés en grade et qui doivent être suivies de la sonnerie ou du commandement d'exécution, après que les commandants d'escadron óu les commandeurs de régiment et les commandants d'escadron ont fait les commandements préparatoires nécessaires :

1. — Déploiement étant en colonne serrée de régiment et n'exécutant pas une marche de flanc.

2. — Par pelotons demi-tour à droite.

3. — Par pelotons à droite conversion.

4. — Par pelotons à gauche conversion.

5. — Par pelotons demi à droite conversion.

6. — Par pelotons demi à gauche conversion.

On se conforme à ce qui est prescrit en B pour la manière dont les trompettes répètent ces six sonneries.

TABLE DES MATIÈRES.

PREMIÈRE PARTIE.

ARTICLE PREMIER.

INSTRUCTION INDIVIDUELLE DE L'HOMME A PIED.

CHAPITRE I.

INSTRUCTION SANS ARME.

CHAPITRE II.

INSTRUCTION AVEC LE SABRE.

ARTICLE DEUXIÈME.

LA TROUPE ET L'ESCADRON A PIED.

CHAPITRE III.

INSTRUCTION DE LA TROUPE.

CHAPITRE IV.

FORMATION, DIVISION ET ALIGNEMENT DE L'ESCADRON.

CHAPITRE V.

MANIEMENT DU SABRE.

CHAPITRE VI.

MOUVEMENTS DE L'ESCADRON.

Introduction.

ARTICLE TROISIÈME.

LE RÉGIMENT A PIED.

CHAPITRE VII.

FORMATION, ALIGNEMENT, MANIEMENT DES ARMES ET MOUVEMENTS DU RÉGIMENT.

ARTICLE QUATRIÈME.

GRANDE PARADE A PIED.

CHAPITRE VIII.

PRESCRIPTIONS GÉNÉRALES, GRANDE PARADE DE PIED FERME ET DÉFILER.

CHAPITRE IV.

FORMATION, DIVISION ET ALIGNEMENT DE L'ESCADRON.

CHAPITRE V.

MANIEMENT DU SABRE ET DE LA LANCE.

CHAPITRE VI.

MOUVEMENTS DE L'ESCADRON.

CHAPITRE VII.

DÉPLOIEMENT DES FLANQUEURS. LE COMBAT A PIED. FORMATION POUR L'EXERCICE DES ARMES.

ARTICLE TROISIÈME.

LE RÉGIMENT A CHEVAL.

CHAPITRE VIII.

PRINCIPES PRÉLIMINAIRES.

CHAPITRE IX.

FORMATION, DIVISION, ALIGNEMENT.

CHAPITRE X.

MANIEMENT DU SABRE, DE LA LANCE ET DE L'ÉTENDARD.

CHAPITRE XI.

MOUVEMENTS DU RÉGIMENT.

CHAPITRE XII.

FLANQUEURS. COMBAT A PIED. FORMATION POUR L'EXERCICE DES ARMES.

ARTICLE QUATRIÈME.

LA BRIGADE.

CHAPITRE XIII.

CHAPITRE XIV.

FORMATION ET ALIGNEMENT.

CHAPITRE XV.

MANIEMENT DU SABRE ET DE LA LANCE.

CHAPITRE XVI.

MOUVEMENTS DE LA BRIGADE.

CHAPITRE XVII.

ARTICLE CINQUIÈME.

CHAPITRE XVIII.

PRESCRIPTIONS GÉNÉRALES SUR LA CONDUITE DE LA CAVALERIE EN DEUX OU PLUSIEURS LIGNES.

ARTICLE SIXIÈME.

GRANDE PARADE A CHEVAL.

CHAPITRE XIX.

GRANDE PARADE DE PIED FERME ET DÉFILER.

APPENDICE AU CINQUIÈME ARTICLE.

ARTICLE SEPTIÈME.

CHAPITRE XX.

SUR L'EMPLOI DES SONNERIES.

FIN DE LA TABLE DES MATIÈRES.

ERRATA

Figure de la page 150. — Les numéros des escadrons sont intervertis.

Figures des pages 151 et 153. — Les numéros des escadrons en bataille sont intervertis

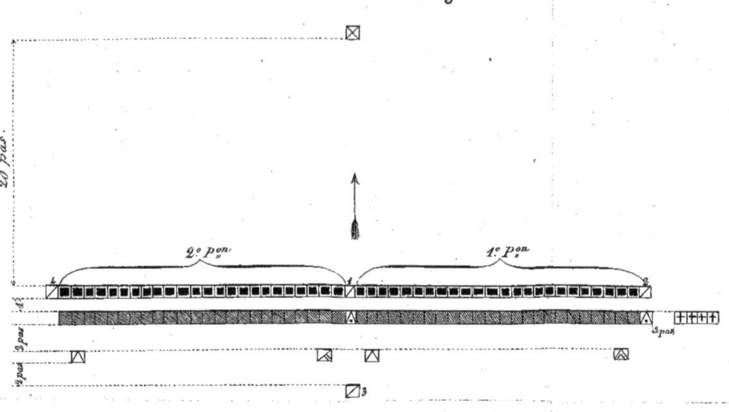

Escadron à pied en bataille.
Fig. 1. §. 11.
20 pas.
2.º P.on
1.º P.on
3 pas
3 pas

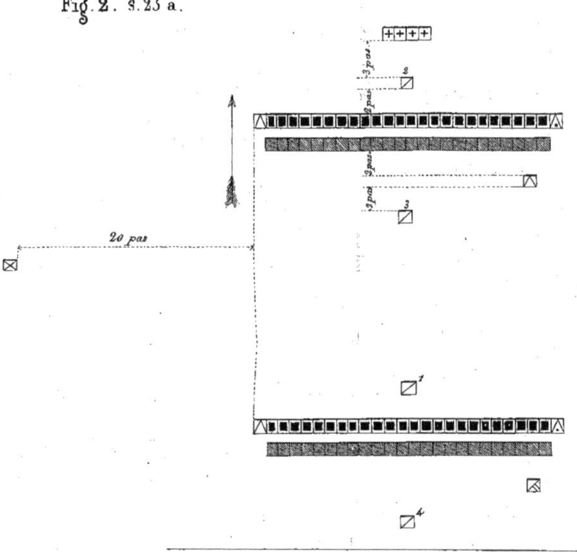

Escadron en colonne par pelotons (la droite en tête).
Fig. 2. §. 23 a.
3 pas
3 pas
3 pas
3 pas
20 pas
1
3
4
LÉGENDE POUR LES FIGURES 1, 2, 3 et 4.
Commandant de l'escadron.
Officier (le N.º indique le rang par ordre d'ancienneté).
Vachtmeister.
Porte épée faenhrich.
Sous-officier de l'aile.
Sous-officier serre-file.
Trompette.
Homme du 1.er rang.
Homme du 2.e rang.
Imp. Firmin Didot. Fils & Cie Paris.

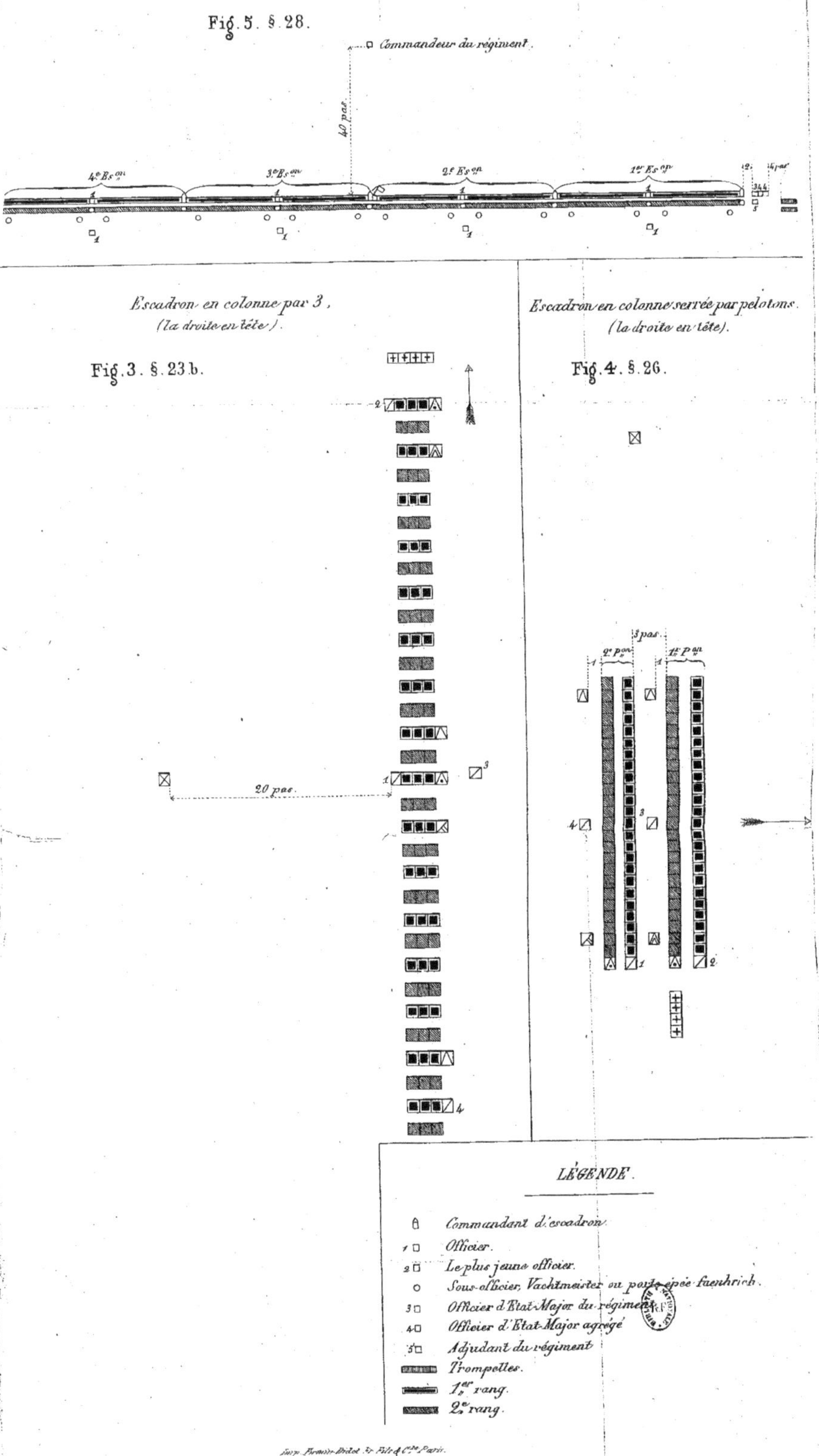

Régiment à pied en bataille.
Fig. 5. §. 28.
Commandeur du régiment.
40 pas.
4.e Esᵒⁿ
3.e Esᵒⁿ
2.e Esᵒⁿ
1.er Esᵒⁿ
Escadron en colonne par 3,
(la droite en tête).
Fig. 3. §. 23 b.
20 pas.
Escadron en colonne serrée par pelotons.
(la droite en tête).
Fig. 4. §. 26.
3 pas.
2.e Pᵒⁿ
1.er Pᵒⁿ
LÉGENDE.
Commandant d'escadron.
1 Officier.
2 Le plus jeune officier.
Sous-officier, Vachtmeister ou porte-épée faehnrich.
3 Officier d'Etat-Major du régiment.
4 Officier d'Etat-Major agrégé.
5 Adjudant du régiment.
Trompettes.
1.er rang.
2.e rang.
Imp. Firmin-Didot & Fils & Cⁱᵉ Paris.

ESCADRON A CHEVAL.

Escadron en bataille.

Fig. 6. §. 8 et §. 10.

Escadron marchant en arrière après un demi-tour par trois.

Fig. 8. §. 18.

Escadron en colonne par trois la droite en tête.

Fig. 11. §. 20 a.

Escadron en colonne par deux la droite en tête.

Fig. 13. §. 21 a.

Les numéros indiqués ici sont les numéros des hommes pour mettre pied à terre.

Escadron en colonne par deux la gauche en tête.

Fig. 14. §. 21 a.

Les numéros indiqués ici sont les numéros des hommes pour mettre pied à terre.

Disposition pour mettre pied à terre.

Fig. 7. §. 11.

Escadron en marche en colonne par le flanc la droite en tête.

Fig. 9. §. 18.

l'Escadron étant en bataille, on le forme en colonne par le flanc par un à droite par trois.

Escadron en colonne par trois, la gauche en tête.

Fig. 12. §. 20 a.

Escadron en marche en colonne par le flanc, la gauche en tête.

Fig. 10. §. 18.

l'Escadron étant en bataille, on le forme en colonne par le flanc par un à gauche par trois.

REMARQUE.

Dans les différents ordres en colonne, le Commandant de l'escadron est toujours placé à une distance de 30 pas de la colonne; dans les figures 11, 12, 13 et 14, cette distance à été figurée à une plus petite échelle.

LÉGENDE POUR LES FIGURES DE 6 A 21.

Commandant de l'Escadron.
Chef de Peloton.
Officier serre-file.
Sous-Officier de l'aile droite.
Sous-Officier de l'aile gauche.
1.er Sous-Officier serre-file.
2.e Sous-Officier serre-file.
Wachtmeister.
Trompette.
Homme du 1.er rang.
Homme du 2.e rang.

Échelle.

*Escadron en Colonne par pelotons
la droite en tête.*

Fig. 15. §. 22 b. §. 23 a.c.

*Escadron en Colonne par pelotons
la gauche en tête.*

Fig. 16. §. 22 b. §. 23 a.c.

Escadron disposé pour l'exercice des Armes.

Fig. 21. §. 29.

*Escadron formé en demi-colonne
la droite en tête, par conversion.*

Fig. 17. §. 22 b.

*Escadron formé en demi-colonne
la gauche en tête, par conversion.*

Fig. 18. §. 22 b.

*Escadron rompu en demi-colonne
la droite en tête.*

Fig. 19. §. 23 b.

*Escadron rompu en demi-colonne
la gauche en tête.*

Fig. 20. §. 23 b.

Imp. Firmin Didot fr. fils & Cie. Paris.

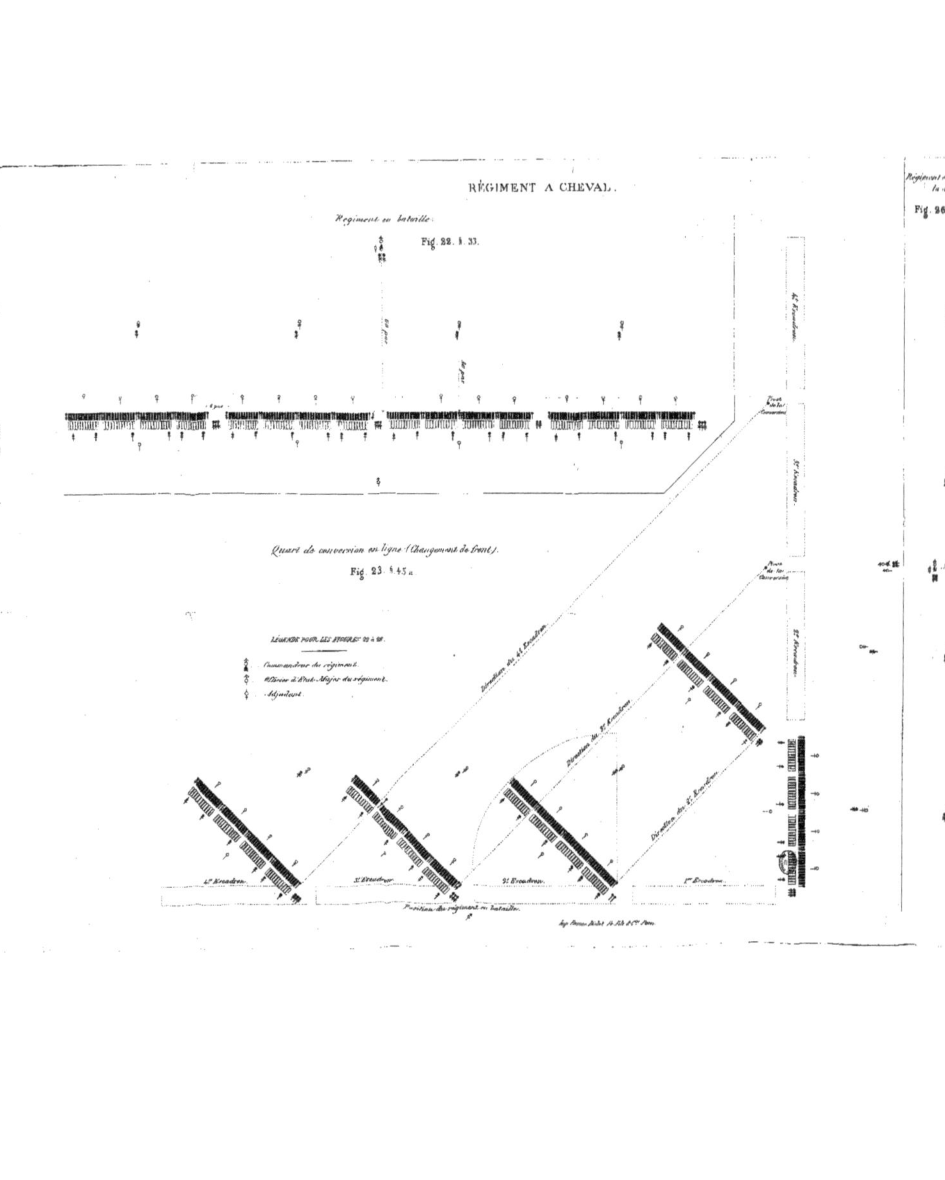

RÉGIMENT A CHEVAL.
Régiment en bataille.
Fig. 22. à 33.
Quart de conversion en ligne (Changement de front).
Fig. 23. à 45 a.
LÉGENDE POUR LES FIGURES 22 à 25.
Commandant du régiment.
Officier d'État-Major du régiment.
Adjudant.
4.e Escadron.
3.e Escadron.
2.e Escadron.
1.er Escadron.
Point de ralliement.
Point de la conversion.
Direction du 4.e Escadron.
Direction du 3.e Escadron.
Direction du 2.e Escadron.
Position du régiment en bataille.
Régiment en colonne par pelotons, la droite en tête.
Fig. 26. à 43 a.
Imp. Lemercier, Bénard & C.ie, Paris.

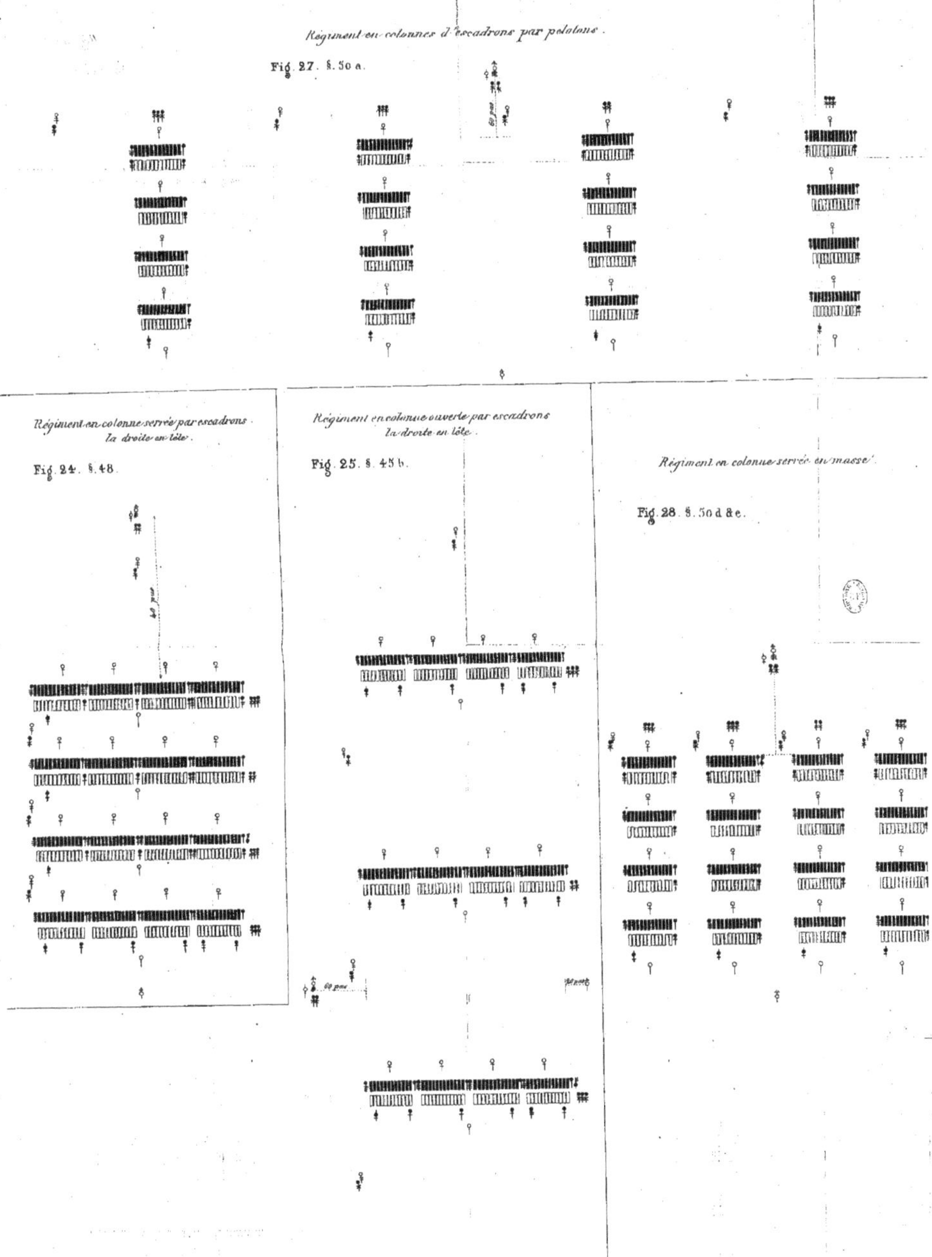
RÉGIMENT À CHEVAL.
Régiment en colonnes d'escadrons par pelotons.
Fig. 27. §. 50 a.
Régiment en colonne serrée par escadrons.
la droite en tête.
Fig. 24. §. 48.
Régiment en colonne ouverte par escadrons
la droite en tête.
Fig. 25. §. 45 b.
Régiment en colonne serrée en masse.
Fig. 28. §. 50 d & e.